Erich Fromm   Über die Liebe zum Leben

Büchergilde ___ Die Kleine Reihe

Erich Fromm

Über die Liebe zum Leben

Rundfunksendungen

herausgegeben von

Hans Jürgen Schultz

Büchergilde Gutenberg

 Ausstattung: Juergen Seuss, Niddatal bei Frankfurt am Main. Satz: Dörlemann-Satz, Lemförde. Schrift: Garamond auf Lichtsatzsystem tps 8000 Berthold. Druck: Color- und Werkoffsetdruckerei Richard Wenzel, Goldbach. Buchbinderei: Großbuchbinderei Monheim. Printed in Germany. ISBN 3 7632 3295 8.

Über die Liebe zum Leben

Vorwort

von Hans Jürgen Schultz

Diese Radiotexte von Erich Fromm stammen aus dem letzten, dem achten Jahrzehnt seines Lebens. Er war niemals fertig. Er las, schrieb, plante, lernte, war offen, ja neugierig – bis zuletzt. Aber das Werk, das er in zehn Bänden hinterlassen hat, gelangte nun zum Höhepunkt und Abschluß, und aus ihm konnte er schöpfen, wenn er als wachsamer und kritischer Beobachter die Zeitläufte kommentierte. So sind die hier wiedergegebenen Protokolle eine interessante Ergänzung seines Oeuvres: ihr Wert liegt weniger in der Neuigkeit als in der Lebendigkeit der Aussage, weniger im Gehalt als in der Gestalt. Die Vorträge und Gespräche wurden in der Mehrzahl in Fromms Wohnung in Locarno, sonst im Studio in Zürich aufgenommen. Mit der Lektüre kann man von ferne die Besuche und Unterhaltungen nachvollziehen, zu denen der große alte Mann gern einlud.
Abgesehen von frühen Schriften, die in dichtem Schreibtischdeutsch verfaßt worden sind, kennen wir Fromm hierzulande als einen nur in Übersetzungen zugänglichen angelsächsischen Autor. Mit den Radiotexten aber ist er noch einmal in seine Muttersprache heimgekehrt. Sie wirkt, weil ohne Papier entstanden, erstaunlich unmittelbar. Nach Matthias Claudius ist die Schriftsprache ein infamer Trichter, darin Wein zu Wasser wird. Auch Fromm bevorzugte das gesprochene Wort, die An-Rede, die An-Sprache. Hier haben wir sie. Und wer ihn gekannt hat, hört ihn, wenn er sie liest.
Zum ersten Mal sah ich ihn anno 1970. Wir trafen uns, wie später oft, im *Storchen* in Zürich. Er hatte überall seine be-

stimmten Hotels. Unvorstellbar, daß er sich die Rolle des Gastgebers hätte nehmen lassen. Wir besprachen den Vortragszyklus über Überfluß und Überdruß, den er am nächsten Tag im dortigen Funkhaus für uns auf Band sprechen sollte. Mit seinem sehr aufmerksamen Ausdruck saß er mir gegenüber, keinesfalls gestört durch die turbulente Umgebung, und legte mir sein Konzept dar. Als er schloß, dachte ich: das wär's. Aber nein: nun war ich an der Reihe. Er bat um Einwände und vor allem um Informationen über die mutmaßlichen Zuhörer. Mit Insistenz und mit Fragen, die ihn als genauen Kenner deutscher Verhältnisse verrieten, wollte er sich den Rezipienten annähern. Aufs Maul zu sehen, ohne nach dem Munde zu reden, war seine Devise. Er war sorgfältig vorbereitet. Er hatte einen beängstigend voluminösen Stapel mit Notizen und Entwürfen bei sich, die er während unserer Plauderei beständig vermehrte. Am nächsten Morgen jedoch erschien er ohne Ballast. Ich fragte ihn nach seiner Aktentasche; er schüttelte amüsiert den Kopf. Wir fuhren zum Funk. Er nahm ohne Umstände vor dem Mikrophon Platz, redete frei, sechsmal präzis 29 Minuten. Seine einzige Bedingung war meine Anwesenheit. Er brauchte ein Visavis, einen ansprechbaren Stellvertreter des anonymen Auditoriums. Das Glück der freien und doch konzentrierten Formulierung im Radio wird unsereinem selten zuteil.

Während Erich Fromm sein Thema abhandelte und mich mitnahm auf seine ausgiebigen sokratischen Gedankenspaziergänge, gewahrte ich, daß sich jenseits der Glasscheibe in der Regie einiges abspielte. Obwohl Fromm bei uns damals noch ein ziemlich Unbekannter war, hatte es sich im Züricher Funkhaus herumgesprochen, daß es hier etwas zu hören gab.

Mitarbeiter aus allen Bereichen – Techniker, Sekretärinnen, der Hauswart und sogar Kollegen aus den Redaktionsstuben – fanden sich ein, standen beengt beieinander und spitzten die Ohren. Ich traue dem Radio nur eine geringe dialogische Potenz zu; man darf es nicht überschätzen und nicht überanstrengen, sondern muß einen Stil indirekter Rede ausfindig machen, der ihm entspricht. Fromm jedoch hat die Ausnahme von der Regel statuiert. Er ist der Einschüchterung durch die Instrumente mit einer verblüffenden Unbekümmertheit entgangen und hat die vom Medium gesetzten Hindernisse einfach umspielt. Wie kam das? Fromm *dachte* diskursiv. Der Partner war keine Attrappe, sondern er und seine Widerrede waren von vornherein als Wirklichkeit in seinem Denken zugegen. Er konnte lauschen, während er sprach. Er war ein so guter Redner, weil er ein so guter Zuhörer war.
Ja, und in diesem Moment im Sender in Zürich wurde mir klar, daß die Bücher Erich Fromms – in Amerika seit vier Jahrzehnten auf den Bestseller-Listen – auch bei uns ihr Versteck bald verlassen und einen unaufhaltsamen Exodus in die Öffentlichkeit antreten würden. Etwa ein Dutzend seiner Schriften lag seit einiger Zeit bereits vor: in verstreuten Verlagen und in teilweise stümperhafter Übersetzung. Doch Fromm mußte, glaube ich, selber kommen, um ihren Dornröschenschlaf zu beenden. Das ist eigenartig, aber vielleicht so zu erklären: hier waren Schriftsteller und Mensch eine und dieselbe Person. Der eine interpretierte den anderen. Seine Stimme war der Leib seiner Sprache. Fromm ist in einer Tradition fundamentaler Mündlichkeit, der jüdischen, aufgewachsen. Seine sämtlichen Arbeiten sind unermüdliche Variationen eines Themas: voll von Repliken und Wiederholungen, von Vertiefungen und

Zuspitzungen, von immer neuen Anläufen und Werbungen um Verständnis. Bei wenigen wissenschaftlichen Schriftstellern ist so viel Redundanz anzutreffen wie bei ihm. Mangel an Überfluß wäre für Fromm Armut gewesen. Ich staune jedesmal neu, mit welcher Hülle und Fülle mir aus seinen Büchern Anstöße, Aufmunterungen, Durchblicke, Deutungen entgegenfluten, lauter Evidenzen, so daß dem Leser Schuppen von den Augen fallen.

Er erzählte gern – als Antwort auf Fragen oder zur Lösung gedanklicher Knoten – Geschichten. So die von einem Mann, der einen weiten Weg zurücklegte, um zu einem chassidischen Meister zu gelangen, und der auf die Erkundigung, ob er sich der Mühe unterzogen habe, um des Lehrers Lehren kennenzulernen, erwiderte: »O nein, ich wollte nur sehen, wie er sich die Schuhbänder zubindet.« An diese kleine Geschichte, die besagen will, daß eine Geste zuweilen mehr ausdrückt als eine Lehrveranstaltung, und der außerdem zu entnehmen ist, daß die fulminanteste Klugheit zu nichts nütze ist, wenn der, der sie äußert, nicht der richtige Mann ist, an diese Geschichte nun habe ich mich stets erinnert, wenn ich Erich Fromm besuchte. Man ging anders von ihm weg, als man zu ihm gekommen war: etwas animierter, mit etwas klarerem Kopf, etwas respektloser gegenüber den Zwängen, die einen bedrükken oder fatalistisch stimmen.

Es war eben nicht nur Gelehrsamkeit, die seine Anziehungskraft ausmachte, sondern die Durchdringung von Lehre mit Leben und von Leben mit Lehre. Leben besteht darin, dauernd geboren zu werden. Eine Tragödie aber ist es, schreibt Fromm, daß die meisten von uns sterben, ehe sie zu leben begonnen haben. Auf solchen Einsichten läßt sich kein Sy-

stem errichten. Sie fordern zu immer neuen Ansätzen heraus. Fromm wollte weder Schüler noch eine Schule. Ein Inspiratus wie er verausgabt sich, um nicht vereinnahmt zu werden. Bezüglich der Fähigkeit zu abstrahierendem Denken stellte er vergnügt ein gehöriges Defizit bei sich fest. Er konnte gar nicht anders als *in concreto* zu philosophieren.
Am späten Abend des 5. Januar 1974 hat der Süddeutsche Rundfunk das autobiographische Gespräch »Im Namen des Lebens« ausgestrahlt. In aller Ruhe, über zwei Stunden hin, hat Erich Fromm manches von sich mitgeteilt, was ohne diese Aufzeichnung nicht dokumentiert wäre. Eine Schauspielerin, die in dieser Zeit in der Stuttgarter Aufführung von Lessings Nathan mitspielte, kam aus dem Theater, schaltete das Radio ein, hörte die Sendung und rief noch nachts bei mir an, um rasch zu vermelden, was sie da gerade erlebt hatte: von einem Nathan zum andern!
Fromm war kein Magier, Fromm war kein Magister, er war ein Nathan. Sein Talent, dem Herzen beim Denken Mitspracherecht einzuräumen, hätte man früher mit dem Namen »Weisheit« bedacht.

Überfluß und Überdruß in unserer Gesellschaft

Wenn ich über das Thema »Überfluß und Überdruß« sprechen soll, dann, so scheint mir, ist zunächst eine Bemerkung über den Sinn dieser beiden Worte angebracht. Das ist nicht nur in diesem Fall, sondern überhaupt so. Wenn man die Bedeutung, den eigentlichen Sinn eines Wortes versteht, dann versteht man häufig schon gewisse Probleme besser, die mit diesem Wort beim Namen genannt werden – eben aus dem Wortsinn und seiner Geschichte heraus.

Sehen wir uns die beiden Worte an. Das eine hat eine doppelte Bedeutung. Eine positive – dann bezeichnet »Überfluß« das, was über das unbedingt Notwendige hinausgeht: das Über-Fließende. Sie denken vielleicht an die biblische Vorstellung von dem »Land, darin Milch und Honig fließt«. Oder Sie denken daran, wenn Sie ein schönes Zusammensein beschreiben wollen, ein Fest, bei dem es Wein und was Sie sonst mögen im Überfluß gab. Sie meinen dann etwas sehr Erfreuliches, nämlich keine Kargheit, keinen Mangel, kein Vorsichtigsein, daß man ja nicht etwas zuviel nimmt. Das ist der angenehme Überfluß, also das Über-Fließende.

Aber »Überfluß« kann auch eine negative Bedeutung haben, und die drückt sich aus in dem Wort »überflüssig«, im Sinn von zwecklos und verschwendet. Wenn Sie einem Menschen sagen: »Du bist hier ganz überflüssig«, dann meinen Sie: »Du verschwindest besser«, Sie meinen nicht: »Wie schön, daß du hier bist« – wie Sie es etwa meinen, wenn sie vom Wein im Überfluß reden.

Also Überfluß kann überfließend und Überfluß kann überflüssig sein, und man muß sich fragen, in welchem Sinn hier von Überfluß die Rede ist.

Nun ein Wort zum »Überdruß« bzw. »Verdruß«. »Verdruß« kommt von »verdrießen«, und verdrießen heißt im Mittelhochdeutschen: »Langeweile erregen«, im Gotischen zum Beispiel heißt es sogar: »Ekel erregen«. Verdruß ist also das, was Langeweile, Ekel und Ärger erzeugt. Im Französischen haben Sie noch eine andere Bedeutung von Langeweile: Das Wort »ennui« stammt vom lateinischen »innodiare« und bedeutet »Im-Haß-Sein, Haß erregen«.

Wir können uns schon jetzt fragen, ob hier nicht bereits die Sprache andeutet, daß der überflüssige Überfluß zur Langeweile führt, zum Ekel und zum Haß. Dann hätten wir zu prüfen: Leben wir im Überfluß? Wir – damit meine ich die moderne Industriegesellschaft, wie sie sich in den Vereinigten Staaten, in Kanada, in Westeuropa entwickelt hat. Leben wir im Überfluß? Wer lebt im Überfluß in unserer Gesellschaft, und was ist das für ein Überfluß: überflüssiger Überfluß oder überfließender Überfluß – sagen wir's ganz einfach, guter Überfluß oder schlechter Überfluß? Führt unser Überfluß zum Überdruß? Muß Überfluß zum Überdruß führen? Und wie sieht denn der gute, überfließende, überschäumende Überfluß aus, der nicht zum Überdruß führt? Diese Frage zu erörtern, ist das Interesse dieser Vorträge.

Lassen Sie mich zunächst eine Vorbemerkung machen, die psychologischer Natur ist. Ich will, da ich Psychoanalytiker bin, in diesen Ausführungen immer wieder von psychologischen Fragen sprechen, und da möchte ich Sie darauf vorbereiten, daß ich von einem bestimmten Gesichtspunkt aus spreche, nämlich von dem der Tiefenpsychologie oder

der analytischen Psychologie – was ungefähr dasselbe meint. Und ich möchte kurz erwähnen, was vielen von Ihnen bekannt ist: Es gibt zwei Wege, zwei Möglichkeiten, das Problem des Menschen psychologisch zu studieren. Die akademische Psychologie studiert den Menschen zur Zeit meistens vom Standpunkt der Verhaltensforschung oder – wie man das auch nennt – des Behaviorismus aus. Das heißt, man studiert nur das, was man unmittelbar sehen und beobachten kann, was direkt sichtbar, also auch meßbar und wiegbar ist. Denn was man nicht unmittelbar sehen und beobachten kann, das kann man natürlich auch nicht messen und nicht wiegen, jedenfalls nicht exakt genug.

Die tiefenpsychologische, psychoanalytische Methode geht anders vor. Sie hat ein anderes Ziel. Sie untersucht eine Handlung, ein Verhalten nicht einfach von dem Standpunkt her, was man sehen kann. Sie fragt vielmehr nach der Qualität dieses Verhaltens, nach der dem Verhalten zugrunde liegenden Motivation. Lassen Sie mich ein paar kleine Beispiele geben. Sie können beschreiben: ein Mensch lächelt. Das ist eine Verhaltensweise, die man fotografieren, die man muskulär beschreiben kann usw. Aber Sie wissen doch, daß es einen Unterschied gibt zwischen dem Lächeln einer Verkäuferin im Laden, dem Lächeln eines Menschen, der Ihr Feind ist, der jedoch seine Feindseligkeit verbergen will, oder dem Lächeln eines Freundes, der sich freut, Sie anzusehen. Sie kennen den Unterschied von vielen hundert Arten von Lächeln, die aus verschiedenen seelischen Motiven kommen: das ist zwar alles Lächeln, was es aber ausdrückt, kann etwas ganz Entgegengesetztes sein, das kein Apparat messen oder auch nur wahrnehmen kann, denn das kann nur einer, der kein Apparat ist,

und das sind Sie selbst. Sie beobachten nicht nur mit dem Gehirn, sondern ebenso – wenn ich das so altmodisch ausdrücken darf – mit dem Herzen. Ihre ganze Person erfaßt das, was da vorgeht, und hat ein Gespür dafür, was für ein Lächeln das ist. Und wenn Sie kein Gespür dafür haben, dann erleben Sie natürlich viele Enttäuschungen in Ihrem Leben.
Oder nehmen Sie eine ganz andere Beschreibung eines Verhaltens: ein Mensch ißt. Ja klar, er ißt. Aber wie ißt er? Einer schlingt. Ein anderer ißt so, daß man erkennen kann, daß er sehr pedantisch ist und Wert darauf legt, daß alles ganz ordentlich zugeht und der Teller leer gegessen wird. Und der nächste ißt, ohne zu schlingen, ohne gierig zu sein; es schmeckt ihm; er ißt einfach nur, und es tut ihm wohl.
Oder nehmen Sie ein weiteres Beispiel: Ein Mensch schreit und bekommt einen roten Kopf. Da sagen Sie: Er ist wütend. Sicher ist er wütend. Dann sehen Sie ihn sich etwas genauer an und fragen sich, was in diesem Menschen (vielleicht kennen Sie ihn) vorgeht, und plötzlich merken Sie: Er ist ja ängstlich, er ist erschreckt und fürchtet sich, und die Wut ist nur eine Reaktion auf seine Angst. Und dann schauen Sie vielleicht noch etwas tiefer und stellen fest: Das ist ein Mensch, der sich eigentlich hilflos und impotent vorkommt, der vor allem, vor dem ganzen Leben, Angst hat. Nun haben Sie drei Beobachtungen gemacht, die Beobachtungen, daß er wütend ist, daß er Angst hat und daß er ein tiefes Gefühl der Hilflosigkeit verspürt. Alle drei Beobachtungen sind richtig. Aber sie beziehen sich auf verschiedene Schichten seiner Struktur. Die Beobachtung, die sich auf das Gefühl der Ohnmacht bezieht, ist diejenige, die am tiefsten beschreibt, was in dem Menschen vorgeht, und diejenige, die nur die Wut registriert, ist die ober-

flächlichste. Das heißt, wenn Sie nun auch wütend werden und in Ihrem Gegenüber nichts anderes als einen wütenden Menschen sehen, dann treffen Sie vorbei. Wenn Sie aber hinter der Fassade des wütenden den ängstlichen Menschen sehen, den sich ohnmächtig fühlenden, dann werden Sie sich ihm anders nähern, und es kann passieren, daß seine Wut sich legt, weil er sich nicht mehr bedroht fühlt.
Vom Standpunkt der Psychoanalyse aus sind wir in alledem, was wir hier besprechen, nicht in erster Linie und schon gar nicht ausschließlich daran interessiert zu erfahren, wie sich ein Mensch, ganz von außen betrachtet, *verhält*, sondern welche *Motive*, welche Intentionen er hat, ob sie nun unbewußt sind oder bewußt. Wir fragen nach der Qualität seines Verhaltens. Ein Kollege von mir – Theodor Reik – hat einmal das Wort geprägt: »Der Analytiker hört mit dem dritten Ohr.« Das ist ganz richtig. Oder man kann auch sagen – und das ist eine ältere Redewendung: Er liest zwischen den Zeilen. Er sieht nicht nur das, was ihm direkt dargeboten wird, sondern er sieht in dem Dargebotenen und Beobachtbaren etwas mehr, nämlich etwas vom Kern der Persönlichkeit, die da handelt und von der jede Handlung nur ein Ausdruck ist, eine Manifestation, die jedoch stets eingefärbt wird von der gesamten Persönlichkeit. Es gibt keinen Akt des Verhaltens, der nicht eine Geste des ganz spezifischen Menschen wäre, und deshalb gibt es auch letztlich nie zwei Verhaltensakte, die identisch sind, sowenig es zwei Menschen gibt, die identisch sind. Sie mögen sich ähnlich, sie mögen einander verwandt sein – dasselbe sind sie nie. Es gibt keine zwei Menschen, die die Hand in genau derselben Weise heben, die in derselben Weise gehen, die in derselben Weise ihren Kopf neigen. Aus diesem Grunde kön-

nen Sie manchmal einen Menschen schon an seinem Gang erkennen, obwohl Sie sein Gesicht nicht sehen. Der Gang ist für einen Menschen so charakteristisch wie sein Gesicht, gelegentlich sogar mehr: denn das Gesicht kann er verstellen, den Gang viel schwerer. Mit dem Gesicht kann man lügen, das ist die Eigenart des Menschen, die er dem Tier voraus hat. Mit dem Gang zu lügen ist schon schwieriger, obwohl man auch dies lernen kann.

Nach diesen einleitenden Bemerkungen möchte ich mich nun dem *Konsumieren* als einem psychologischen oder richtiger, einem psychopathologischen Problem zuwenden. Sie werden fragen: Was soll das? Konsumieren – das muß doch jeder. Jeder Mensch muß essen und trinken, er hat Kleider, eine Wohnung, kurz, er braucht und verbraucht vieles, und das nennt man »konsumieren«. Was gibt es da also für ein psychologisches Problem? Das ist einfach die Natur – um zu leben muß man konsumieren. Aber hier bin ich schon beim springenden Punkt: konsumieren und konsumieren ist nicht dasselbe. Es gibt ein Konsumieren, das zwanghaft ist und auf Gier zurückgeht. Es ist ein Drang, immer mehr zu essen, immer mehr zu kaufen, immer mehr zu besitzen, immer mehr zu benutzen.

Nun werden Sie vielleicht sagen: Ist das nicht normal? Schließlich wollen wir das, was wir haben, alle gern erweitern und vermehren. Das Problem ist höchstens, daß man nicht genug Geld hat, aber nicht, daß an dem Wunsch nach Erweiterung und Vermehrung etwas falsch sei ... Ich verstehe sehr wohl, daß viele von Ihnen so denken. Doch ich möchte Ihnen mit einem Beispiel zeigen, daß die Sache nicht so einfach ist. Ich meine ein Beispiel, von dem Sie gewiß schon gehört haben, und ich hoffe, nur wenige sind davon selbst betroffen. Nehmen Sie einen Menschen, der an Fettsucht leidet, der ganz einfach zu viel wiegt. Das kann endokrine Gründe haben – davon wollen wir hier nicht reden. Oft hat es aber nur den einen Grund, daß jemand einfach zuviel ißt. Er nascht mal hier, mal da, am liebsten Süßigkeiten, immerzu wendet er sich etwas zu. Und wenn Sie aufmerksamer hinschauen, dann stellen Sie fest, daß er nicht einfach nur ununterbrochen ißt, sondern daß eine Gier ihn dazu treibt. Er *muß* essen, er kann's nicht lassen, so wie viele Leute es nicht lassen können zu rauchen. Und Sie wissen ja, daß Menschen, die zu rauchen aufhören, plötzlich anfangen, mehr zu essen. Sie entschuldigen sich dann mit der Erklärung, daß man eben dicker wird, wenn man das Rauchen einstellt. Und das ist eine der schönen Rationalisierungen, um das Rauchen nicht aufgeben zu müssen. Warum? Weil dieselbe Gier, etwas in den Mund zu nehmen, etwas zu verschlingen, im Essen oder im Rauchen oder im Trinken oder auch im Kaufen zum Ausdruck kommt.

Folgt ein Mensch, der gierig und zwanghaft ist, trinkt und raucht, der Warnung seines Arztes, nicht so weiterzumachen, weil er sonst an einem Herzschlag sterben wird, so kann man immer wieder beobachten, daß ein solcher Mensch plötzlich ängstlich wird, unsicher, nervös, deprimiert. Hier zeigt sich dann ein merkwürdiger Zusammenhang: das Nichtessen, das Nichttrinken, das Nichtrauchen kann Angst machen. Es gibt Menschen, die essen oder kaufen, nicht um zu essen oder zu kaufen, sondern um ihre ängstliche oder deprimierte Stimmung zu unterdrücken. Sie konsumieren gesteigert, um aus ihrer Verstimmung herauszufinden. Der Konsum verspricht ihnen Heilung, und tatsächlich läßt die depressive oder ängstliche Grundgestimmtheit ein wenig nach, wenn die Gier befriedigt worden ist. Die meisten von uns werden bestätigen können, daß sie, wenn sie sich ängstlich oder deprimiert fühlen, leichter an den Eisschrank gehen, auch ohne sonderlichen Appetit etwas essen oder trinken und sich damit scheinbar beschwichtigen. Mit anderen Worten: Essen und Trinken kann in Wirklichkeit häufig die Funktion einer Droge übernehmen, einer Beruhigungspille. Diese ist sogar angenehmer, denn sie schmeckt auch noch gut.

Der deprimierte Mensch fühlt in sich so etwas wie eine Leere, als ob er gelähmt sei, als ob ihm etwas fehle zur Aktivität, als ob er sich nicht recht bewegen könne in Ermangelung von etwas, das ihn bewegen würde. Wenn er dann etwas in sich aufnimmt, so mag das Gefühl der Leere, der Lähmung, der Schwächung für eine Weile von ihm weichen, und er spürt: ich bin doch wer, ich habe ja etwas, ich bin nicht nichts. Man füllt sich mit Dingen um innere Leere zu verdrängen. Das ist der *passive* Mensch, der ahnt, daß er wenig ist, und der diese Ahnung vergessen macht, indem er konsumiert und zum homo consumens wird.

Jetzt habe ich den Begriff »passiver Mensch« gebraucht, und Sie werden mich fragen, was ich darunter verstehe. Was ist denn Passivität, was Aktivität? Da muß ich zunächst einmal auf das moderne Verständnis von Passivität und Aktivität eingehen, das Ihnen ja allen recht gut bekannt ist. Die populäre Auffassung nimmt an, daß Aktivität jedes auf einen Zweck gerichtete, Energie erfordernde Tun ist, also sowohl körperliche wie auch geistige Arbeit oder zum Beispiel Sport, der ja meistens auch so verstanden wird, daß er entweder der Gesundheit dient oder dem Ansehen des Vaterlandes zugute kommt oder einen berühmt macht und Geld einbringt. Es ist gewöhnlich nicht die Freude an der Übung selbst, sondern ein bestimmter Effekt, um dessentwillen man Sport treibt. Aktiv ist einer, der sich anstrengt. In Amerika sagt man dann: er ist »busy«. Und »busy« und »business« sind dasselbe Wort.

Und wann ist man nach dieser Auffassung passiv? Nun, wenn der sichtbare Nutzen ausbleibt, wenn keine Leistung zu entdecken ist. Lassen Sie mich ein absichtlich einfaches Beispiel geben: Da ist ein Mensch, der sieht in die Landschaft, nur so, fünf Minuten, eine halbe Stunde oder gar eine Stunde, er tut nichts, er schaut bloß. Da er nicht einmal fotografiert, sondern sich still versenkt in das, was seine Augen wahrnehmen, wird man ihn vielleicht für merkwürdig halten und jedenfalls seine »Beschaulichkeit« nicht gerade als Aktivität bezeichnen. Oder nehmen Sie (obwohl es diesen Anblick in unserer westlichen Kultur nicht oft gibt) einen Menschen, der meditiert, der versucht, sich seiner selbst bewußt zu werden, seiner eigenen Gefühle, seiner Stimmungen, seiner inneren Verfassung. Wenn er systematisch meditiert, so kann das Stunden dauern. Die Umgebung, die davon nichts versteht, wird ihn für einen passiven Menschen halten. Er tut nichts. Vielleicht vertreibt er nur alle Gedanken aus seinem Kopf, konzentriert sich darauf, an nichts zu denken, sondern nur zu sein. Das klingt Ihnen vielleicht seltsam. Probieren Sie's mal, zwei Minuten nur, und Sie werden merken, wie schwer das ist, wie Ihnen ständig etwas durch den Kopf geht, wie Sie an alles mögliche denken, meistens unwichtige Sachen, derer Sie sich aber nicht erwehren können, weil es kaum auszuhalten ist, dazusitzen und das Denken zu unterlassen.

Für große Kulturen in Indien und China ist diese Art der Meditation lebenswichtig. Bei uns ist das leider nicht so, weil wir

ehrgeizig glauben, immer etwas tun zu müssen, was einen Zweck hat, womit man etwas erreicht, wobei etwas herauskommt. Aber lassen Sie einmal den Zweck außer acht, versuchen Sie sich zu konzentrieren und haben Sie Geduld mit dieser Übung, so werden Sie womöglich feststellen, daß dieses Nichtstun Sie sehr erfrischt.
Nun also, ich wollte nur andeuten, daß wir in unserem modernen Sprachgebrauch unter Aktivität ein Tun mit sichtbarem Effekt verstehen, während Passivität zwecklos erscheint, sie ist eine Haltung, der man keinen Energieverbrauch anmerkt. Daß wir Aktivität und Passivität so einschätzen, hängt mit der Frage des Konsumierens zusammen: Wenn wir »schlechten Überfluß« konsumieren, so ist unsere scheinbare Aktivität letztlich Passivität. Welche Form von schöpferischer Aktivität, von »gutem Überfluß«, von Fülle, von Widerstand wäre denkbar, um uns mehr sein zu lassen als bloße Konsumenten?

2 *Die moderne Langeweile*

Lassen Sie uns jetzt ein wenig über die klassische Auffassung von Aktivität und Passivität nachdenken, wie wir sie bei Aristoteles, bei Spinoza, bei Goethe, bei Marx oder bei vielen andern Denkern in der westlichen Welt der letzten zweitausend Jahre finden. Da wird *Aktivität* als etwas verstanden, was die dem Menschen innewohnenden Kräfte zum Ausdruck bringt, was Leben gibt, was zur Geburt verhilft – sowohl den körperlichen wie den affektiven, den intellektuellen wie den künstlerischen Fähigkeiten. Wenn ich von den dem Menschen in-

newohnenden Kräften spreche, dann werden das vielleicht manche von Ihnen nicht ganz verstehen. Denn für gewöhnlich nehmen wir an, daß Kräfte, Energien in Maschinen vorhanden sind, nicht dagegen im Menschen. Und sofern der Mensch über Kräfte verfügt, so haben sie vornehmlich den Zweck, Maschinen zu erfinden und zu bedienen. Unsere Bewunderung der Kräfte in der Maschine nimmt zu; aber die Einsicht in die wunderbaren Kräfte im Menschen nimmt ab. Der Satz des griechischen Dichters in der »Antigone«: »Es gibt viel Wunderbares in der Welt, aber nichts ist wunderbarer als der Mensch«, hat für uns keine rechte Bedeutung mehr. Die Mondrakete erscheint uns oft weit wunderbarer als der kleine Mensch. Und in gewisser Weise glauben wir, daß wir mit unseren modernen Erfindungen viel wunderbarere Dinge erschaffen haben als Gott, als er den Menschen schuf.
Wir müssen umdenken, wenn wir unser Interesse dem Bewußtsein und der Entfaltung jener mannigfachen Kräfte, die als Potenz im Menschen sind, zuwenden. Nicht nur die Kraft, zu sprechen und zu denken, sondern eine immer größere Einsicht zu erhalten, eine immer größere Reife zu entwickeln, die Kraft der Liebe oder des künstlerischen Ausdrucks – alles das ist im Menschen gegeben und wartet darauf, verwirklicht zu werden. Aktivität, Tätigsein im Sinn der Autoren, die ich genannt habe, ist genau dies, die Ausgestaltung, die Manifestation dieser dem Menschen eigenen, aber zumeist verborgenen oder unterdrückten Kräfte.
Lassen Sie mich hier ein Zitat vorlesen, eines von Karl Marx. Allerdings werden Sie sehr rasch merken, das ist ein Marx, der ganz anders ist als der, den man Ihnen an der Universität oder in der Presse oder in der Propaganda, von links und

von rechts, darstellt. Ich zitiere aus den Ökonomisch-philosophischen Manuskripten (MEGA I,3, S. 149): »Setze den Menschen als Menschen und sein Verhältnis zur Welt als ein menschliches voraus, so kannst du Liebe nur gegen Liebe austauschen, Vertrauen nur gegen Vertrauen etc. ... Wenn du Einfluß auf andere Menschen ausüben willst, mußt du ein wirklich anregend und fördernd auf andre Menschen wirkender Mensch sein. Jedes deiner Verhältnisse zum Menschen – und zu der Natur – muß eine bestimmte, dem Gegenstand deines Willens entsprechende Äußerung deines wirklichen individuellen Lebens sein. Wenn du liebst, ohne Gegenliebe hervorzurufen, das heißt, wenn dein Lieben als Lieben nicht die Gegenliebe produziert, wenn du durch deine Lebensäußerung als liebender Mensch dich nicht zum geliebten Menschen machst, so ist deine Liebe ohnmächtig, ein Unglück.«

Sie sehen hier, daß Marx vom Lieben als von einer Aktivität spricht. Der moderne Mensch denkt eigentlich nicht daran, daß er mit Liebe etwas schafft. Er ist meistens und fast ausschließlich darum bekümmert, geliebt zu werden, nicht darum, selber lieben zu können, also mit Liebe Gegenliebe zu erzeugen und damit etwas Neues, Nichtdagewesenes in die Welt zu setzen. Deswegen meint er auch, daß Geliebtwerden entweder ein großer Zufall ist oder daß man es dadurch erwirkt, daß man sich alles mögliche kauft, was angeblich dazu führt, geliebt zu werden – vom richtigen Mundwasser bis zum eleganten Anzug oder zum teuersten Auto. Nun, wie das mit dem Mundwasser und dem Anzug ist, das weiß ich nicht so genau. Doch es ist leider eine Tatsache, daß viele Männer ihres schneidigen Automobils wegen geliebt werden. Man muß allerdings hinzufügen, daß sich viele Männer auch mehr für den

Wagen als für die Frau interessieren. Und dann ist ja scheinbar alles wieder in Ordnung – außer daß sich die beiden nach kurzer Zeit langweilen und vielleicht sogar hassen werden, weil sie sich gegenseitig betrogen haben oder betrogen fühlen. Sie glaubten, geliebt zu werden, während sie in Wirklichkeit etwas vorgetäuscht, aber keine aktive Liebe praktiziert haben.

Gleichermaßen versteht man im klassischen Sinne unter *Passivität* nicht, daß jemand dasitzt, nachdenkt, meditiert oder sich die Natur anschaut, sondern man meint damit das bloße Reagieren oder das bloße Getriebenwerden.

Das bloße Reagieren: Wir wollen nicht vergessen, daß wir meistens in der Weise aktiv sind, daß wir auf Stimuli, auf Reize, auf Situationen reagieren, die, weil wir es gewöhnt sind, von uns erfordern, daß wir etwas tun, wenn ein entsprechendes Signal einsetzt. Der Pawlowsche Hund reagiert mit Appetit, sobald er die Glocke hört, die er einmal mit dem Futter assoziiert hat, Wenn er dann zum Futternapf saust, ist er natürlich sehr »aktiv«. Diese Aktivität ist jedoch nichts anderes als eine Reaktion auf einen Reiz. Er funktioniert wie eine Maschine. Unsere heutige Verhaltenspsychologie beschäftigt sich mit genau diesem Vorgang: der Mensch ist ein reagierendes Wesen, man produziert einen Reiz, und prompt erfolgt eine Reaktion. Das kann man mit Ratten machen, mit Mäusen, mit Affen, mit Menschen, sogar mit Katzen, obwohl es da etwas schwieriger wird. Mit Menschen geht es leider am einfachsten. Man glaubt, daß alles menschliche Verhalten im großen und ganzen auf dem Prinzip von Lohn und Strafe beruht. Belohnung und Strafe sind die zwei großen Anreize, und es wird erwartet, daß sich der Mensch dazu verhält wie jedes Tier, indem er sich darauf einstellt, das zu tun, wofür er belohnt wird, und das zu unterlassen, wofür ihm eine Strafe angedroht wird. Er muß nicht einmal tatsächlich bestraft werden, die Drohung allein genügt schon. Allerdings ist es nötig, daß hier und da ein paar Menschen exemplarisch bestraft werden, damit die Drohung nicht zu einer leeren Drohung wird.

Und nun das Getriebensein: Sehen Sie sich einmal einen Betrunkenen an. Er ist oft sehr »aktiv«, er schreit und gestikuliert. Oder denken Sie an einen Menschen in jenem psychotischen Zustand, den man Manie nennt. Ein solcher Mensch ist überaktiv, er traut sich zu, der Welt zu helfen, er redet, er telegraphiert, er sorgt für Umtrieb. Er bietet das Bild einer ungeheuren Aktivität. Aber wir wissen, der Motor solcher Aktivität ist beim einen der Alkohol und beim andern, bei dem manisch Kranken, irgendeine elektrochemische Unordnung in seinem Gehirn. Ihre Äußerungen jedoch sind die einer extremen Aktivität.

»Aktivität« als bloße Reaktion auf einen Reiz oder als Getriebensein in der Form einer Leidenschaft ist im Grunde eine Passivität, auch wenn sie noch soviel Aufhebens von sich macht. Das Wort Leidenschaft hängt ja zusammen mit Leiden. Wenn man von einem sehr leidenschaftlichen Menschen spricht, dann verwendet man einen recht zwiespältigen Ausdruck. Schleiermacher hat einmal gesagt: »Eifersucht ist eine Leidenschaft, die mit Eifer sucht, was Leiden schafft.« Das gilt nicht nur für die Eifersucht, sondern für jede Leidenschaft, in der der Mensch getrieben wird: die Ehrsucht, die Geldsucht, die Machtsucht, die Eßsucht. Alle Süchte sind Leidenschaften, die Leiden schaffen. Sie sind Passivitäten. Das lateinische Wort »passio« ist ja identisch mit unserem Wort Leiden. Unser heutiger Sprachgebrauch ist an dieser Stelle etwas verwirrt,

weil man unter Leidenschaft ganz Verschiedenes versteht. Darauf aber will ich jetzt nicht eingehen.
Wenn Sie sich nun einmal die Aktivität der bloß reagierenden oder des getriebenen Menschen anschauen, also eben des passiven Menschen im klassischen Sinn, so merken Sie, daß seine Reaktion nie etwas Neues bewirkt. Sie ist Routine. Die Reaktion vollzieht immer wieder dasselbe: auf denselben Reiz folgt dieselbe Reaktion. Sie wissen genau, was passieren wird. Alles ist berechenbar. Hier ist keine Individualität, Kräfte entfalten sich nicht, alles erscheint programmiert: derselbe Reiz, derselbe Effekt. Es findet das statt, was man bei Ratten im Tierlaboratorium beobachtet. Genauso gilt in der Verhaltenspsychologie, die den Menschen primär für einen Mechanismus hält, daß er mit bestimmten Reaktionen auf bestimmte Reize reagiert. Diesen Vorgang zu erfassen, ihn zu erforschen und aus ihm Rezepte abzuleiten – das nennt man dann Wissenschaft. Vielleicht ist das Wissenschaft. Aber menschlich ist es nicht! Denn der lebendige Mensch reagiert eigentlich niemals in immer derselben Weise. Er ist in jedem Augenblick ein anderer Mensch. Wenn er auch niemals total anders ist, so ist er jedenfalls niemals derselbe. Heraklit hat das so ausgedrückt: »Es ist unmöglich, zweimal in denselben Fluß zu steigen.« Denn es gilt: »Alles fließt.« Ich würde sagen: Die Verhaltenspsychologie mag eine Wissenschaft sein, aber sie ist keine Wissenschaft vom Menschen, sondern eine vom entfremdeten Menschen mit entfremdeten Methoden, unternommen von entfremdeten Forschern. Sie ist zwar imstande, gewisse Aspekte des Menschen hervorzuheben. Doch gerade an das Lebendige, an das spezifisch Menschliche rührt sie nicht.
Ich möchte ein Beispiel geben für den Unterschied zwischen

Aktivität und Passivität. Es hat eine große Rolle in der amerikanischen Industrie-Psychologie gespielt. Professor Elton Mayo hat folgendes Experiment angestellt, als er von der Western Electric Company beauftragt wurde zu prüfen, wie man die Produktivität von Arbeiterinnen, ungelernten übrigens, in den Hawthorne-Werken in Chicago steigern könne. Man war damals der Meinung, vielleicht arbeiten sie besser, wenn man ihnen am Morgen zehn Minuten frei gibt und vielleicht zehn weitere Minuten als Kaffeepause etc. Diese ungelernten Arbeiterinnen mußten etwas tun, was sehr monoton ist, nämlich Spulen aufwickeln. Dazu gehört keine Kunst, keine Anstrengung, es ist das Passivste und Eintönigste, was man sich vorstellen kann. Da hat Elton Mayo ihnen sein Experiment erklärt und zunächst einmal die Kaffeepause am Nachmittag eingeschaltet. Sofort stellte sich heraus, daß die Produktivität stieg. Nun, das war ja wunderbar, weil sich zeigte, wie gut diese Methode wirkt. Dann hat er zusätzlich die Pause am Vormittag installiert, und wieder stieg die Produktivität. Weitere Vergünstigungen hatten weitere Produktivität zur Folge, so daß die Rechnung voll aufging.

Ein gewöhnlicher Professor hätte an dieser Stelle das Experiment beendet und den Direktoren der Western Electric Company empfohlen, durch einen Zeitverlust von zwanzig Minuten eine höhere Produktivität zu erzielen. Anders Elton Mayo, der ein einfallsreicher Mann war. Er hat sich nämlich gefragt, was geschehen würde, wenn er die Vorteile wieder streichen würde. So hat er zunächst die Kaffeepause rückgängig gemacht – und die Produktionssteigerung ging weiter. Dann hat er die Vormittagspause rückgängig gemacht – und die Produktionssteigerung ging weiter. Und so fort. Womöglich

hätten an dieser Stelle einige Professoren achselzuckend festgestellt: Naja, man sieht eben, das Experiment ist nicht aussagekräftig ... Aber in unserem Falle tauchte plötzlich der Gedanke auf: Womöglich haben die ungelernten Arbeiterinnen zum ersten Mal in ihrem Leben Interesse gewonnen an dem, was sie in der Fabrik taten. Das Spulenaufrollen blieb langweilig und eintönig wie eh und je; aber man hatte sie in das Experiment eingeweiht, und so fühlten sie, daß sie in einem Zusammenhang wirkten, daß sie etwas beitrugen, das nicht nur für den Profit des anonymen Unternehmens, sondern für die ganze Belegschaft von Bedeutung war. Mayo konnte nachweisen, daß es dieses unerwartete Interesse, dieses Dabeiseinkönnen war, was die Produktivität der Arbeit gesteigert hatte, und nicht etwa die Pausen am Vor- oder Nachmittag. Das war Anlaß und Anstoß zu einer neuen Denkweise: daß das Motiv für die Produktivität mehr im *Interesse* an der Arbeit selbst, als in Pausen, Gehaltserhöhungen und weiteren Bequemlichkeiten zu suchen ist. Ich komme später noch einmal darauf zurück. Ich wollte hier nur den entscheidenden Unterschied zwischen Aktivität und Passivität aufzeigen. Solange die Arbeiterinnen kein Interesse hatten, waren sie passiv. In dem Augenblick, als ihnen Anteil an dem Experiment gegeben wurde, erwachte in ihnen ein Gefühl für Mitarbeit, sie wurden aktiv und änderten ihre Haltung grundlegend.
Nehmen wir nun einen anderen, viel einfacheren Fall. Denken Sie an einen Touristen, der – natürlich mit einer Kamera in der Hand – irgendwohin kommt und vor sich einen Berg, den See, das Schloß, eine Ausstellung sieht. Doch er sieht es eigentlich nicht direkt, sondern von vornherein im Blick auf das zu knipsende Bild. Die für ihn relevante Wirklichkeit ist die festgehal-

tene und die in Besitz genommene, nicht die vor ihm liegende. Der zweite Schritt, das Bild, kommt vor dem ersten, dem Sehen selbst. Hat er das Bild in der Tasche, kann er es seinen Freunden zeigen, als habe er dieses aufgenommene Stück Welt selber erschaffen, oder er kann sich zehn Jahre später erinnern, wo er damals war etc. Wie auch immer – es ist das Foto, die künstliche Wahrnehmung, an die Stelle der ursprünglichen getreten. Viele Touristen gucken gar nicht erst; sie greifen sofort zum Apparat, während der gute Fotograf zunächst in sich aufnimmt, was er dann mit der Kamera aufnimmt, also sich erst in Beziehung setzt zu dem, was er dann fotografiert. Dieses vorausgehende Sehen ist etwas Aktives. Experimentell messen kann man diesen Unterschied nicht. Sie sehen ihn aber vielleicht am Gesichtsausdruck: Da freut sich einer, etwas Schönes gesehen zu haben. Dann mag er es fotografieren oder auch nicht. Es gibt auch (freilich wenige) Menschen, die von Fotos absehen, weil das Bild die Erinnerung verdirbt. Mit Hilfe des Bildes sehen Sie nichts als eine Erinnerung. Versuchen Sie aber, sich ohne ein Bild an die Landschaft zu erinnern, dann wird diese wiedergeboren in Ihnen. Die Landschaft kommt wieder, bis Sie sie so lebendig vor sich haben, wie sie ist. Es ist nicht einfach eine Erinnerung, die wieder zurückkommt, wie man sich an Worte erinnert. Sie selbst erschaffen die Landschaft neu, sie selbst produzieren diesen Eindruck. Diese Art von Aktivität erfrischt, erheitert und verstärkt die Lebensenergie, während alle Passivität lustlos und deprimiert macht, ja manchmal sogar haßerfüllt.

Denken Sie an eine Gesellschaft, zu der Sie eingeladen worden sind. Sie wissen schon genau, was dieser oder jener sagen wird, was Sie sagen werden und was dann wieder er sagt. Es ist, wie in der Maschinenwelt, klar und geregelt, was jeder sagt. Jeder hat seine Meinung, seine Ansicht. Nichts passiert – und wenn Sie dann heimgehen, sind Sie, tiefdrinnen, todmüde. Dabei wirkten Sie, während Sie dabei waren, wahrscheinlich ganz munter und aktiv: Sie haben ebenso geredet wie Ihr Gegenüber, vielleicht haben Sie sich sogar aufgeregt; aber es war trotzdem eine Unterhaltung voller Passivität, indem beide immer wieder nur sich selber vorgetragen haben, wie Reiz und Reaktion, dieselbe abgespielte, abgelegte Platte, nichts Neues ist dabei herausgekommen, pure Langeweile.

Nun ist es eine merkwürdige Tatsache in unserer Kultur, daß die Menschen gar nicht genügend einschätzen oder – sagen wir einmal – sich nicht genügend bewußt sind, was für ein Leiden die Langeweile ist. Wenn jemand in Einzelhaft sitzt, aber auch schon, wenn irgendeiner aus was weiß ich für einem Grunde nichts mit sich anzufangen weiß, dann spürt er, falls er in sich nicht die Quellen hat, etwas Lebendiges zu tun, etwas zu produzieren oder sich zur Besinnung zu rufen – dann spürt er die Langeweile als eine Last, als eine Belastung, als eine Lähmung, die er aus sich allein nicht zu erklären vermag. Langeweile ist eine der schlimmsten Foltern. Sie ist sehr modern und greift um sich. Der Mensch, der der Langeweile ausgeliefert ist, ohne sich gegen sie wehren zu können, fühlt sich wie ein schwer deprimierter Mensch. Dann möchten Sie wohl fragen: Warum merken das die meisten Menschen nicht, was für ein Übel die Langeweile ist, was für ein Schmerz? Ich glaube, die Antwort auf diese Frage ist einfach: Wir produzieren heute viele Dinge, die man einnehmen kann und mit deren Hilfe man über die Langeweile hinwegkommt. Entweder nimmt man Beruhigungspillen oder man trinkt oder man geht von einer Cocktail-

Party zur anderen oder man streitet sich mit seiner Frau oder man läßt sich durch die Medien ablenken oder man gibt sich sexuellen Aktivitäten hin, um die Langeweile zu verbergen. Viele unserer Aktivitäten sind Versuche, die Langeweile nicht zum Bewußtsein kommen zu lassen. Aber vergessen Sie nicht das schlechte Gefühl, das Sie häufig haben, wenn Sie einen blöden Film gesehen oder sonstwie Ihre Langeweile verdrängt haben, den Katzenjammer, den Sie an sich feststellen, wenn Sie merken, es war eigentlich todlangweilig, und Sie haben Ihre Zeit nicht genutzt, sondern totgeschlagen. Es ist merkwürdig in unserer Kultur: Wir tun alles, um Zeit zu retten, zu sparen, und haben wir sie gerettet oder gespart, schlagen wir sie tot, weil wir nicht wissen, was mit ihr anzufangen ist.

3 *Die produzierten Bedürfnisse*

Es ist eine weitverbreitete Meinung – nicht nur bei Laien, sondern auch unter vielen Wissenschaftlern –, daß der Mensch eine Maschine ist, die nach bestimmten physiologischen Erfordernissen funktioniert. Da gibt es Hunger und Durst, die Notwendigkeit zu schlafen, Sexualität und manches andere. Die physiologischen oder biologischen Bedürfnisse müssen befriedigt werden. Werden sie nicht befriedigt, wird der Mensch entweder neurotisch oder, zum Beispiel beim Hunger, er stirbt. Werden sie aber befriedigt, dann ist scheinbar alles in Ordnung. Nun zeigt sich jedoch, daß dies nicht stimmt. Es kann sein, daß all seine physiologischen und biologischen Bedürfnisse befriedigt werden und daß der Mensch trotzdem nicht befriedigt ist, also nicht im Frieden lebt mit sich selbst, son-

dern unter Umständen innerlich schwer krank ist, obgleich er scheinbar alles hat, was er braucht. Ihm fehlt die Anregung – die Anregung, die seine Aktivität bewirkt.
Ich will ganz kurz einige Beispiele dafür erwähnen. Es gibt in den letzten Jahren einige interessante Experimente über die völlige Entziehung von Reizen. Man bringt etwa einen Menschen in eine Isolierzelle, er hat gleichbleibende Temperatur, Licht, bekommt sein Essen hineingeschoben usw. – nur: Es gibt keinerlei Reiz, es herrscht ein Milieu, sagen wir mal, wie beim Fötus im Mutterleib. Und schon nach einigen Tagen dieses Experiments stellen sich bei diesen Menschen gravierende krankhafte, häufig schizophrene Züge heraus. Obwohl sie physiologisch befriedigt waren, psychologisch ist der Zustand solcher Passivität krankheitserzeugend, er hat sogar Irrsinn zur Folge. Dieselbe Situation, die beim Fötus noch normal ist (obwohl selbst da gar keine so vollkommene Reizentziehung vorliegt wie in diesem Experiment), wird beim erwachsenen Menschen zu einer pathogenen Situation.
Oder man hat aufschlußreiche Versuche unternommen, in denen Menschen gehindert wurden zu träumen. Das ist möglich aufgrund der Beobachtung, daß sich die Augen sehr schnell bewegen, wenn der Mensch träumt. Weckt man ihn dann, so kann man ihn am Träumen hindern. Es ergaben sich bei diesen Menschen erhebliche Krankheitssymptome. Das bedeutet, daß das Träumen eine Notwendigkeit ist. Der Mensch bleibt auch im Schlaf seelisch und geistig aktiv. Und wenn man diese Aktivität unterbindet, wird er krank.
Der Tierpsychologe Harlow hat mit Affen experimentiert. Ihm fiel auf, daß die Affen zehn Stunden lang in einem komplizierten Versuch tätig waren, sie hatten mit Beharrlichkeit

eine bestimmte Konstruktion zu entflechten und blieben geduldig bei der Sache, ohne jede Belohnung oder Bestrafung, ohne jedes Element der Reizreaktionskette, einfach aus Interesse an der Arbeit selbst. Denn auch Tiere – speziell die Primaten – können höchst interessiert sein und nicht allein dadurch motiviert, daß sie Futter bekommen oder daß sie Angst haben, bestraft zu werden.

Oder ich darf Sie an etwas anderes erinnern: Der Mensch hat schon vor 30000 Jahren Kunst entwickelt. Da sagt man dann gerne, das diente doch bloß magischen Zwecken. Denken Sie etwa an die Höhlengemälde mit den wunderschönen Tierbildern voll der graziösesten Bewegungen. Sie sind entstanden, weil die Menschen glaubten, sich durch solche Zeichnungen mehr Erfolg bei der Jagd zu sichern. Das mag ja so sein. Aber ist damit die Schönheit wirklich erklärt? Für magische Zwecke bedurfte es nicht einer so kunstvollen Bemalung und Ausschmückung der Höhlen oder von Vasen, sondern die Schönheit, die wir heute noch wahrnehmen und genießen können, war eine Zugabe. Das heißt, der Mensch hat über das Interesse am Praktischen, am Zweckmäßigen, am Gebrauchsgegenstand hinaus ein weitergehendes Interesse, er will aktiv sein im Sinne des Schöpfens, des Gestaltens, der Entwicklung von Kräften, die in ihm sind.

Der deutsche Psychologe Karl Bühler hat ein sehr schönes Wort geprägt, nämlich das Wort von der »Funktionsfreude«. Es soll besagen, daß Tätigkeit eine Freude mit sich bringen kann, die darin liegt, daß der Mensch sein Funktionieren genießt, und zwar nicht, weil er dieses oder jenes braucht, sondern weil der Akt des Erschaffens, das Ausdrücken der eigenen Fähigkeiten selbst Freude schafft. Das hat natürlich eine

wichtige Konsequenz für die Erziehung. Eine geniale Italienerin, Maria Montessori, hat erkannt, daß man mit dem alten Prinzip von Belohnung und Bestrafung zwar die Kinder dressiert, aber nicht erzieht. Inzwischen bestätigen zahlreiche Untersuchungen, daß in der Tat der Mensch besser lernt, wenn die Tätigkeit selbst eine immanente Befriedigung schafft.
Ich glaube, der Mensch ist nur er selbst, wenn er sich äußert, wenn er die ihm innewohnenden eigenen Kräfte ausdrückt. Wenn das nicht geschieht, wenn er nur »hat« und benützt, statt zu »sein«, dann verfällt er, dann wird er zum Ding, dann wird sein Leben sinnlos. Es wird zum Leiden. Die echte Freude liegt in der echten Aktivität, und echte Aktivität ist der Ausdruck, ist das Wachstum der menschlichen Kräfte. Vergessen Sie nicht, auch rein gehirnphysiologisch kann man feststellen, daß die Anstrengung des Kopfes zum Wachstum der Gehirnzellen führt. Diese Erweiterung kann man sogar wiegen. Das ist gar nicht so verschieden von den Muskeln, die man beansprucht. Bei bloß routinemäßiger Tätigkeit beweisen sie nur, was sie ohnedies schon sind, aber nicht, was sie sein könnten.
Nun möchte ich unseren Überlegungen über den Überfluß einige ökonomische und gesellschaftliche Aspekte hinzufügen. Es lassen sich in der Geschichte der Menschheit einige Hauptphasen unterscheiden. Vielleicht können wir mit dem Hinweis beginnen, daß in einer lange dauernden Phase der Affe zum Menschen wurde. Das hat einige hunderttausend Jahre gedauert. Und dieser Übergang ist nicht ein bestimmter Schritt oder Augenblick, sondern ein Prozeß, in dem sich ganz langsam Quantitatives in Qualitatives verwandelt hat. Mehr oder weniger abgeschlossen erscheint der Mensch erst vor

60 000 Jahren, aus dem sich dann der moderne Mensch, der homo sapiens sapiens, der so ist wie wir heute, vor ungefähr 40 000 Jahren entwickelt hat. Da also fangen wir an. Das klingt eigentlich ungeheuer kurz.

Worin unterscheidet sich der Mensch vom Tier? Es ist nicht der aufrechte Gang. Der war schon viel früher bei den Affen da, lange bevor sich das Gehirn weiterentwickelt hat. Es ist auch nicht die Benutzung von Werkzeugen, sondern es ist etwas entscheidend Neues, eine ganz andere Qualität: Das Selbstbewußtsein. Das Tier hat auch ein Bewußtsein, es hat ein Bewußtsein von den Objekten, es weiß, das ist dies und das ist jenes. Aber als der Mensch geboren wird, da hat er ein anderes, ein neues Bewußtsein, nämlich das Bewußtsein von sich selbst: er weiß, daß er ist und daß er anders ist, getrennt von der Natur, getrennt auch von anderen Menschen. Er erlebt sich selbst. Er ist sich bewußt, daß er denkt, daß er fühlt. Dafür gibt es – nach allem, was wir wissen – im Tierreich keine Analogie. Das ist das Spezifische, das den Menschen zum Menschen macht.

Von dem Moment an, da der Mensch gewissermaßen als voller Mensch geboren wird, lebt er, grob gerechnet, für 30 000 Jahre in einer Situation allgemeiner Not, allgemeinen Mangels. Er ist Jäger und gewinnt sich seinen Lebensunterhalt, indem er Tiere jagt, indem er Sachen sammelt, die er gebrauchen kann und die er findet, ohne sie kultiviert zu haben. Das Leben in diesem Zeitraum ist gekennzeichnet durch Armut, durch Dürftigkeit. Doch dann kommt eine große Revolution. Man hat sie gelegentlich die neolithische Revolution genannt. Sie liegt jetzt ungefähr 10 000 Jahre zurück. Der Mensch fängt zu produzieren an, materiell zu produzieren. Er lebt nicht mehr von dem, was ihm »zufällt« oder was er erjagen kann, sondern er wird zum Ackerbauer oder Tierzüchter. Er produziert mehr, als er momentan braucht, indem er sein Denken, seine Geschicklichkeit, seine Voraussicht dazu verwendet, selber etwas herzustellen.

Uns mag heute der Bauer mit einem einfachen Pflug als sehr primitiv erscheinen; aber in Wirklichkeit ist er der erste, der über die reine Abhängigkeit von der Natur, in der der Mensch zuvor gelebt hat, hinausgeht und beginnt, mit seinem Gehirn, mit seiner Einbildungskraft, mit seiner Tüchtigkeit auf die Welt Einfluß zu nehmen und sich Lebensräume zu schaffen. Er plant, er baut vor und sorgt erstmalig für relativen Überfluß. Es blieb nicht lange bei dem primitiven Ackerbau und der Tierzucht. Es entstand Kultur, es entstanden Städte, und so leitete sich rasch eine zweite Epoche ein: eben die des relativen Überflusses. Ich meine mit »relativem Überfluß«, daß zwar die frühere Armut und Dürftigkeit überwunden worden ist, daß aber der Überfluß nicht ausreichte, um alle daran teilhaben zu lassen. Es bildete sich eine Minorität aus denen, die die Gesellschaft geleitet haben und denen Macht zuwuchs und die das Beste für sich behielten, so daß für die Majorität nur blieb, was übrig war. Der Tisch war nicht für alle gedeckt. Der Überfluß war nicht allen zugänglich. So können wir, verkürzt und vereinfacht, von dem relativen Überfluß oder dem relativen Mangel sprechen, der seit dem Beginn der neolithischen Revolution geherrscht hat und in veränderten Maßstäben noch heute herrscht.

Der relative Überfluß ist wie ein zweischneidiges Schwert. Auf der einen Seite ist es dem Menschen gelungen, Kultur hervorzubringen. Er hatte die materielle Basis, um Bauwerke zu errichten, um Staaten zu organisieren, um Philosophen zu ernähren etc. Auf der andern Seite führte der relative Mangel dazu, daß die kleine Gruppe die große Gruppe ausbeuten mußte. Ohne die Majorität hätte diese Wirtschaft, die Ökonomie nicht gedeihen können. Die Kriegführung ist nicht, wie manche Leute gern behaupten, im menschlichen Instinkt, in seinem natürlichen Zerstörungstrieb begründet; die Kriegführung fängt überhaupt erst an im neolithischen Zeitalter, als es nämlich etwas gibt, was wert ist, weggenommen zu werden, und als die Menschen ihr Zusammenleben in einer Weise eingerichtet haben, daß sie den Krieg als Institution erfinden können, um andere, die etwas haben, was man selber haben will, zu überfallen. Wir pflegen für den Krieg komplizierte Erklärungen zur Hand zu haben. »Wir werden bedroht!« heißt es, und das soll dann den Krieg rechtfertigen. In Wirklichkeit waren seine Ursachen meistens leicht durchschaubar.

So haben wir dem relativen Überfluß, dieser Errungenschaft des neolithischen Zeitalters, einerseits die Kultur, andererseits den Krieg und die Ausbeutung von Menschen durch Menschen zu verdanken. Seither hat der Mensch mehr oder weniger im Zoo gelebt. Demnach ist unsere ganze Psychologie, die auf der Beobachtung des Menschen beruht, zu vergleichen mit dem Stadium in der Tierbeobachtung, wo alle Kenntnis vom Tier aufgebaut ist auf der Kenntnis der Tiere im Zoo und nicht auf der Kenntnis der Tiere in der Wildnis. Gerade in der Psychologie hat sich gezeigt, daß sich die Tiere im Zoo wesentlich anders verhalten als die Tiere in der Wildnis. Solly Zuckerman hat im Londoner Zoo im Regents Park beobachtet, daß die Mantelpaviane dort ungeheuer aggressiv waren. Er hat zunächst angenommen, das liege im Wesen eben dieser Affen.

Dann aber wurde bekannt, daß andere Forscher diese Mantelpaviane in der Wildnis beobachtet und sie sehr wenig aggressiv gefunden haben. Der Zustand der Gefangenschaft, die Langeweile, die Beschränkung der Freiheit – das alles hat dazu geführt, daß sich die Aggression gesteigert hat, was unter natürlichen Bedingungen nicht vorkommt.

Nun, ich wollte klarmachen, beide, Mensch und Tier, verhalten sich im Gefängnis anders als in der Freiheit. Aber dann kam für die Menschen, und zwar mit der ersten industriellen Revolution, eine neue Situation, die eigentlich schon mit der Renaissance begonnen hatte und die sich bis in unser Jahrhundert hinein zugespitzt hat: mit einem Mal hat *mechanische* Kraft die Energie von Tieren und Menschen, also *natürliche* Energie, ersetzt. Die Maschine erzeugt nun die Energie, die bis dahin vom Lebendigen geliefert werden mußte. Zugleich wurde die neue Hoffnung entfacht, daß man, wenn man diese Energie benutzen könne, einen Überfluß produzieren kann für alle Menschen, und nicht bloß für eine Minorität.

Dieser ersten folgte alsbald eine Revolution, die man die zweite industrielle Revolution nennt und die sich dadurch charakterisieren läßt, daß nicht allein menschliche *Energie* durch Maschinen ersetzt wird, sondern auch menschliches *Denken.* Ich spreche von der Kybernetik, von den Maschinen, die selbst die Produktion und andere Maschinen leiten. Mit ihr wurden und werden Produktionsmöglichkeiten so ungeheuer potenziert, daß man wirklich voraussehen kann, daß wir – wenn nicht vorher ein Krieg ausgelöst wird oder Hungersnöte oder Epidemien die Menschheit dezimieren werden – mit dieser neuen Produktionstechnik einen absoluten Überfluß erreichen können: die gesamte Menschheit muß dann nicht mehr in Not,

nicht mehr in der Dürftigkeit, sondern kann im guten Überfluß leben – im nicht überflüssigen, vielmehr im überfließenden Überfluß, der die Menschen freimacht von der Angst vor dem Hunger, von der Angst vor der Bedrohung.
Nun hat jedoch diese moderne Gesellschaft noch etwas weiteres entwickelt, was es früher so nicht gab: Sie produziert nicht nur Waren, sondern sie produziert auch Bedürfnisse. Was meine ich damit? Die Menschen hatten immer Bedürfnisse: sie wollten essen und trinken, in schönen Häusern wohnen usw. Aber wenn Sie sich heute umschauen, so stellen Sie eine zunehmende Bedeutung der Werbung und der Verpakkung fest. Die Wünsche der Menschen kommen kaum noch aus ihnen selbst, sondern sie werden von außen geweckt und gesteuert. Auch der, dem es gut geht, kommt sich arm vor angesichts der Fülle der Angebote, derer er bedürfen soll. Es ist gar kein Zweifel, daß es der Industrie gelingen wird, Bedürfnisse zu produzieren, die sie befriedigen will, ja muß, wenn sie im gegenwärtigen System existieren, das heißt Profit erzielen soll. Unser heutiges ökonomisches System beruht auf der maximalen Produktion und dem maximalen Konsum, während die Wirtschaft des 19. Jahrhunderts noch auf maximalem Sparen beruht hat. Was für unsere Vorfahren als ein Laster galt, nämlich etwas zu kaufen, wofür man das Geld noch gar nicht hat, das ist heute eine Tugend. Und umgekehrt: Wer bedürfnislos ist, keine Kredite aufnimmt, nur das Nötigste kauft, macht sich beinah politisch verdächtig, ist ein merkwürdiger Mensch. Wer in Amerika keinen Fernsehapparat besitzt, fällt auf. Er ist offenbar nicht ganz normal. Wo soll das hinführen? Nun, das will ich Ihnen sagen: Die ungehemmte Steigerung des Konsums bringt einen Menschentyp hervor, für den es ein

Ideal, ja fast eine neue Religion gibt, die Religion des Schlaraffenlandes. Wenn man sich fragen würde, wie sich der moderne Mensch das Paradies vorstellt, dann muß man annehmen, daß er dort nicht mehr wie bei den Mohammedanern so viele Mädchen erwartet (denn das war ja alles vom Männerstandpunkt aus gesehen), sondern dann hat er eher die Vision eines ganz großen Warenhauses, in dem es alles gibt, und immer hat man auch Geld genug, um alles zu kaufen, möglichst ein ganz klein bißchen mehr als der Nachbar. Denn das gehört dazu: daß man sein Selbstgefühl davon bestimmt, daß man viel hat. Und wenn man der Beste sein will, dann muß man das meiste haben.

Die Frage, ob es nicht einmal genug sein könnte, wird verdrängt durch eine geradezu rauschhafte Produktions- und Konsumtionssteigerung, und obwohl die meisten Menschen in diesem ökonomischen System viel mehr haben, als sie brauchen, kommen sie sich arm vor, weil sie dem Tempo und der Masse der Waren nicht gewachsen sind. So wird die Passivität verstärkt, auch der Neid und die Gier und schließlich das Gefühl einer inneren Schwäche, einer Ohnmacht, einer Unterlegenheit. Der Mensch erlebt sich nur noch als das, was er *hat*, und nicht als das, was er *ist*.

Wir haben gesehen: Die Konsumorientierung schafft ein Klima des Überflüssigen, des Überdrüssigen. Dieses Problem hängt eng zusammen mit einer Krise, die in der westlichen Welt herrscht und die meistens verkannt wird, weil man sich mehr für die Symptome als für die Ursachen interessiert. Ich meine die Krise der patriarchalisch-autoritären Gesellschaftsstruktur.

Was verstehe ich darunter? Lassen Sie mich zunächst an einen der größten Denker des 19. Jahrhunderts erinnern, an den Schweizer Gelehrten Johann Jakob Bachofen, der zum ersten Mal systematisch-wissenschaftlich aufgezeigt hat, daß die Gesellschaft von zwei ganz verschiedenen Strukturprinzipien bestimmt ist: dem mutterrechtlichen, gynokratischen, und dem vaterrechtlichen Prinzip.

Wie unterscheiden sie sich?

In der patriarchalischen Gesellschaft, wie sie uns – vom Alten Testament, ebenso von Rom, bis heute – bekannt ist, besitzt und beherrscht der Vater die Familie. Wenn ich vom Besitzen spreche, so ist das ganz wörtlich gemeint. Denn ursprünglich, im primitiven patriarchalischen Recht, sind Frau und Kind ebensosehr Eigentum des pater familias wie Sklave oder Vieh. Er kann mit ihnen machen, was er will. Nun, denkt man an die heutige Jugend, so scheinen wir uns von diesem alten Recht weit entfernt zu haben. Aber es kann nicht übersehen werden, daß in mehr oder weniger drastischer Weise dieses patriarchalische Prinzip in der westlichen Welt für ungefähr 4000 Jahre gegolten hat.

In der mutterrechtlichen Gesellschaft geschieht das Umge-

kehrte. Die Person, die am meisten respektiert wird, bei der man nicht einmal von Herrschaft reden muß, sondern die unbestritten im Zentrum steht, ist die Mutter, die mütterliche Figur. Zwischen der väterlichen Liebe und der mütterlichen Liebe besteht ein großer Unterschied. Dieser Unterschied ist ungeheuer bedeutsam. Die väterliche Liebe ist ihrem Wesen nach immer nur eine bedingte Liebe. Sie hängt von der Erfüllung bestimmter Voraussetzungen ab. Und bitte, wenn ich väterliche Liebe sage, so meine ich nicht die Liebe des Vaters X oder Y, sondern die Vaterliebe im Prinzip. Max Weber hätte das einen »Idealtypus« genannt. Der Vater liebt *den* Sohn am meisten, der seinen Erwartungen und Forderungen am meisten entspricht. Dieser Sohn wird auch am ehesten geeignet sein, der Nachfolger und Erbe des Vaters zu werden. In der patriarchalischen Struktur pflegt es einen Lieblingssohn zu geben – für gewöhnlich ist es der älteste, aber nicht notwendigerweise. Wenn Sie einmal im Alten Testament lesen, dann werden Sie finden, daß es da immer einen Lieblingssohn gibt. Er wird vom Vater bevorzugt, »erwählt«. Er gefällt ihm, weil er ihm gehorcht.
In der mutterrechtlichen Struktur geht es anders zu. Die Mutter liebt alle ihre Kinder gleichermaßen; denn sie sind ausnahmslos Früchte ihres Schoßes und bedürfen ihrer Zuwendung. Wenn eine Mutter ihren Säugling nur nähren würde, sofern er ihr gefällt und gehorcht – dann würden die meisten Kinder sterben. Wie Sie wissen, tut ein Säugling gar nicht, was die Mutter will. Wenn die Mutter die patriarchalische Liebe hätte, so wäre das – biologisch, physiologisch – das Ende der menschlichen Rasse. Die Mutter liebt das Kind, weil es ihr Kind ist. Und deshalb entsteht in der mutterrechtlichen Gesell-

schaft keine Hierarchie, sondern die gleiche Liebe zu allen, die der Zuwendung bedürfen.
Wenn ich das hier so darlege, so referiere ich, sehr abgekürzt, Bachofen. In der patriarchalischen Gesellschaft ist das oberste Prinzip der Staat, das Gesetz, die Abstraktion. In der matriarchalischen Gesellschaft sind es die natürlichen Bande, jene Bande, die die Menschen verbinden. Sie brauchen nicht gedacht und gemacht zu werden, sie sind als natürliche einfach da. Wenn Sie sich einmal die Zeit nehmen wollen, die »Antigone« von Sophokles zu lesen, dann begegnet Ihnen all das, was ich hier anzudeuten versuche, nur viel ausführlicher und interessanter. Es wird der Kampf geschildert zwischen dem patriarchalischen Prinzip, das Kreon verkörpert, und dem matriarchalischen, das Antigone vertritt. Für Kreon steht zuoberst das Gesetz des Staates, und wer diesem Gesetz widerspricht, muß getötet werden. Antigone dagegen folgt dem Gesetz des Blutes, der Menschlichkeit, des Mitleids, und niemand darf dieses höchste aller Gesetze verletzen. Das Drama endet mit der Niederlage des Prinzips, das wir heute faschistisch nennen würden. Kreon ist dargestellt als ein typisch faschistischer Führer, der nur an eines glaubt: an die Macht, an den Staat, dem sich das Individuum total unterzuordnen hat.
In diesen Zusammenhang gehört auch die Religion. Die Religion des Westens ist seit dem Alten Testament eine patriarchalische Religion. Gott wird geschildert als große Autorität, der man gehorchen muß – im Unterschied etwa zum Buddhismus, in dem es eine solche autoritäre Instanz nicht gibt. Eng mit der patriarchalischen Gesellschaft verknüpft ist das Verständnis des Gewissens als verinnerlichte Autorität. Freud sprach vom Über-Ich und meinte die Verinnerlichung der Ge-

bote und Verbote des Vaters. Ich unterlasse etwas nicht mehr, weil der Vater zu mir sagt: das darfst du nicht –, sondern ich habe den Vater in mich hereingenommen, der »Vater in mir« gebietet und verbietet. Aber im Grunde beruht die Gültigkeit dieses Gebots oder Verbots auf der des Vaters. Mit seiner Beschreibung des Gewissens beim Menschen in der patriarchalischen Gesellschaft hat Freud völlig recht gehabt; aber er hatte nicht recht, wenn er das Gewissen an sich beschrieb und den Zusammenhang mit der Gesellschaft außer acht ließ. Denn es gibt – eben in der nichtpatriarchalischen Gesellschaft – ganz andere Formen des Gewissens. Ich kann und will darauf jetzt nicht eingehen. Aber immerhin möchte ich erwähnen, daß es im Gegensatz zum autoritären ein humanistisches Gewissen gibt. Dieses Gewissen wurzelt im Menschen selbst und teilt ihm mit, was für ihn, für seine Entfaltung, für sein Wachstum gut und förderlich ist. Diese Stimme ist oft sehr leise und wird gerne überhört. Aber sowohl im Bereich der Psychologie wie auch im Bereich der Physiologie haben zahlreiche Forscher Anzeichen dafür festgestellt, daß es so etwas wie ein »Gesundheits-Gewissen« gibt, ein Gespür für das, was gut ist, und wenn der Mensch auf diese eigene Stimme horcht, so gehorcht er nicht der Stimme einer fremden Autorität. Seine eigene Stimme läßt ihn auf ein Ziel gerichtet sein, das innerhalb seines Organismus körperlich und seelisch potentiell vorhanden ist und ihm anzeigt: Hier gehst du richtig, da gehst du falsch.

Dies alles muß man bedenken, wenn von der gegenwärtigen Krise der patriarchalisch-autoritären Ordnung die Rede ist. Und dabei sehen wir uns konfrontiert mit einer sehr merkwürdigen Situation. Wir befinden uns im Westen im Prozeß einer Auflösung der herkömmlichen Verhältnisse. Und diese

Auflösung, diese Krise hat, wie ich schon andeutete, etwas zu tun mit unserm Problem des Überflusses. Lassen Sie mich versuchen, das zu erklären. Je mehr der Mensch verzichten muß, um so mehr muß er im Gehorsam gedrillt sein, damit er gegen die Zumutung des Verzichts nicht rebelliert. Der Verzicht ist ihm ja aufgezwungen als eine von Gott oder dem Staat oder dem Gesetz oder von wem auch immer gewollte und für sinnvoll gehaltene Notwendigkeit. Gäbe es nicht den unbezweifelbaren Gehorsam, so könnten die Menschen auf den Gedanken kommen, keine Lust zu haben, weiterhin zu verzichten. Und eben das wäre äußerst gefährlich für jede Gesellschaftsordnung, in der Verzicht und Gehorsam unentbehrliche Strukturelemente sind. Die Gesellschaft, wie sie ist, könnte gar nicht mehr existieren, wenn diese Haltungen des Verzichts und des Gehorsams nicht durch psychologische Mechanismen und gesellschaftliche Veranstaltungen tief in sie eingebaut wären. Aber wenn nun der Überfluß wächst, so nimmt die Einsicht in die Notwendigkeit des Verzichts und des Gehorsams zwangsläufig ab. Warum soll man sich einer Autorität, die einem Verzicht und Gehorsam nahelegt, unterwerfen? Man kann auch so fast alles haben, was man will. Das ist der eine Grund für die Krise.

Ein anderer Grund liegt wohl in der neuen Produktionstechnik. In der ersten industriellen Revolution, im 19. Jahrhundert und auch am Beginn des zwanzigsten, als man mit altmodischen Maschinen gearbeitet hat, mußte der Arbeiter vor allen Dingen gehorchen, weil er nur durch seine Arbeit in der Lage war, seine Familie vor dem Hungern zu bewahren. Den Zwang zum Gehorsam gibt es zum Teil immer noch, und doch verändert sich alles rapide, weil sich die Produktionstechnik mehr und mehr verschiebt von der überholten Maschinentechnik zur modernen kybernetischen Technik. Dort aber ist jene Form autoritären Gehorsams, wie man ihn im vorigen Jahrhundert brauchte, nicht mehr notwendig. Heute arbeitet man im Teamwork und geht mit Apparaten um, die ihre eigenen Fehler meistens selber korrigieren. Der frühere Gehorsam wird ersetzt durch eine Disziplin, die nicht Unterwerfung fordert. Mit der kybernetischen Maschine spielt man geradezu, wie man Schach spielt. Das ist sicher übertrieben. Doch die Einstellung zur Maschine hat sich grundlegend gewandelt, das einfache Vorgesetzten-Untergebenen-Verhältnis wird seltener, ein Stil von Zusammenarbeit, von Interdependenz setzt sich durch. Daß das alles nicht so idyllisch, so positiv ist, wie oft gesagt wird und wie es auch bei mir jetzt scheinen könnte, das möchte ich nur nebenher betonen. Ich wollte nicht behaupten, daß die moderne Produktionstechnik von der Entfremdung freimacht und zur Selbständigkeit verhilft. Ich wollte nur auf wichtige Veränderungen gegenüber früher aufmerksam machen.

Ein weiterer Grund für die Krise der patriarchalisch-autoritären Struktur ist meiner Meinung nach in der offensichtlichen Tatsache der politischen Revolution zu suchen. Seit der Französischen Revolution haben wir eine Reihe von Revolutionen erlebt, die zwar nie erfüllt haben, was sie versprachen und vorhatten, die aber immerhin die alten Zustände erschüttert und die vor allem die autoritären Verhältnisse in Frage gestellt haben. Gehorsam, zumal Kadavergehorsam, blinder Gehorsam, ohne den das feudale Zeitalter sich nicht hätte behaupten können, wird langsam, aber sicher abgebaut. Schon der Umstand einer nicht gescheiterten, sondern zumindest teilweise erfolgreichen Revolution ist ein Beweis dafür, daß Ungehorsam siegen kann.

In der autoritären Moral gibt es eigentlich nur eine Sünde – das ist der Ungehorsam. Und es gibt eine Tugend – das ist der Gehorsam. Das wird zwar so nicht zugegeben – außer vielleicht in reaktionären Kreisen –, aber im Grunde genommen steckt hinter der Erziehung, hinter der Wertebildung allenthalben die Überzeugung: Ungehorsam ist das Erzübel.

Lesen Sie zum Beispiel im Alten Testament: was Adam und Eva getan haben, war ja an sich nichts Schlechtes, im Gegenteil – sie essen vom Baum der Erkenntnis und eröffnen mit dieser Tat überhaupt erst den Weg zur Menschwerdung. Aber sie waren ungehorsam. Und dieser Ungehorsam wurde ihnen von der Tradition als Ur- und Erbsünde ausgelegt. In der Tat: Ungehorsam ist in der patriarchalischen Struktur die Ursünde. Doch mit der Krise, mit dem Zusammenbruch, mit der Bezweiflung der patriarchalischen Struktur wird nun auch der Begriff der Sünde ganz fragwürdig. Ich komme darauf noch zurück.

Neben der Revolution des Bürgertums, der Revolution der Arbeiter, vollzieht sich eine weitere, sehr wichtige: die Revolution der Frauen. Mag sie auch gelegentlich etwas bizarre Formen annehmen, so hat doch tatsächlich die Frauenrevolution erstaunliche Fortschritte gemacht. Die Frauen waren wie die Kinder Objekt und Eigentum der Männer. Das ist anders geworden. Zwar werden sie gegenüber den Männern immer noch benachteiligt, zum Beispiel in der Bezahlung. Trotzdem hat sich ihre Stellung, ihr Bewußtsein wesentlich gefestigt. Und es spricht alles dafür, daß diese Revolution der Frauen weitergehen wird, genauso wie die Revolution der Jugendlichen und der Kinder. Sie werden ihre eigenen Rechte erkennen, artikulieren und vertreten.

Und endlich ein letzter Grund für die Krise der patriarchalisch-autoritären Gesellschaft, ich glaube, der wichtigste: Seit der Mitte unseres Jahrhunderts stellen viele, vor allem junge Menschen fest, daß sich diese Gesellschaft als nicht-kompetent erweist. Ja, nun kann man sagen, wir haben doch fabelhafte Errungenschaften, die Technik hat Ungeahntes ermöglicht! Doch das ist nur die eine Seite der Sache. Die andere Seite der Sache ist, daß diese Gesellschaft ihre Unfähigkeit gezeigt hat, zwei große und viele weitere Kriege zu verhindern. Sie hat eine Entwicklung zugelassen oder gefördert, die auf den Selbstmord der Menschen zusteuert. Noch nie in der Geschichte haben wir auf so viel potentielle Zerstörung gefaßt sein müssen wie heute. Damit wird eine ungeheuerliche Inkompetenz an den Tag gebracht, über die keine technologische Perfektion hinwegtäuschen kann.

Wenn eine Überfluß-Gesellschaft, die es sich leisten kann, dem Mond Besuche abzustatten, nicht imstande ist, der totalen Vernichtungsgefahr entgegenzutreten, dann allerdings muß sie sich gefallen lassen, inkompetent genannt zu werden. Sie ist inkompetent angesichts der ökologischen Schädigungen, die das Leben bedrohen. Hungersnöte stehen bevor, in Indien, in Afrika, in allen nichtindustrialisierten Weltgegenden; aber es geschieht nichts außer ein paar Reden oder Gesten. Wir verschwenden und leben dahin, als ob wir nicht die Vernunft hätten, die Folgen zu sehen. Das ist ein Mangel an Kompetenz. Er hat das Vertrauen der jungen Generation in uns mit Recht geschwächt. Und ich meine, daß trotz aller Meriten unserer Erfolgsgesellschaft dieser Mangel an Kompetenz, den wichtig-

sten Problemen beizukommen, viel dazu beigetragen hat, daß man an die Struktur und die Wirkung der patriarchalisch-autoritären Gesellschaft nicht mehr glaubt.
Ehe ich auf die Folgen der beschriebenen Krise eingehe, möchte ich ausdrücklich hervorheben, daß die Überfluß-Gesellschaft auch in der westlichen Gesellschaft natürlich nur zum Teil existiert. Selbst in den Vereinigten Staaten leben beinahe 40 Prozent der Bevölkerung *unter* dem Lebensniveau, das man als ausreichend bezeichnet. Es gibt in Wirklichkeit zwei Schichten: eine, die im Überfluß lebt, und eine andere, von deren Armut man lieber nicht spricht. Zu Lincolns Zeiten unterschied man zwischen Freiheit und Sklaverei, heute müssen wir zwischen überflüssigem Überfluß und Not unterscheiden.
Alles, was ich hier über den homo consumens gesagt habe, gilt nicht für die in Armut lebende Bevölkerung, obwohl diese fasziniert ist von der wunderbaren Vorstellung, daß die, denen Luxus vergönnt ist, ein paradiesisches Leben führen. Die Armen sind die Komparsen im Schauspiel der Reichen. Dasselbe gilt für die Minoritäten, in den Vereinigten Staaten also speziell für die Farbigen, und nicht nur das, es gilt für die ganze große Welt, das heißt für zwei Drittel der Menschheit, die nie von der patriarchalisch-autoritären Gesellschaftsform profitiert haben, für die Inder, für die Chinesen, für die Afrikaner etc. Um die richtige Balance zu treffen im Hinblick auf autoritäre und nicht-autoritäre Mehrheiten, müssen wir uns klarmachen, daß die Überflußgesellschaft zwar nach wie vor dominiert, aber ganz anderen Traditionen und außerdem neuen Kräften gegenübersteht, die wir zu spüren bekommen haben und werden.

Obwohl die meisten Menschen bei einer Umfrage sicher antworten würden, daß sie an Gott glauben, und obwohl der Kirchgang immer noch beachtlich und das Bekenntnis zum Atheismus eher eine Seltenheit ist, kann nicht übersehen werden, daß die Religion von der Krise der patriarchalisch-autoritären Struktur unserer Gesellschaft in Mitleidenschaft gezogen worden ist. Auch Theologen haben deutlich erkannt und ausgesprochen, daß sich die Religion, wie wir sie kennen, in der Agonie befindet. Dieser Prozeß währt schon Jahrhunderte, beschleunigt sich aber, je näher wir der Gegenwart sind. Weil Religion eine doppelte Funktion hatte, ist auch ihr Fiasko ein doppeltes. Die uns vertraute, wesentlich auf jüdisch-christlicher Tradition beruhende Religion hat sowohl die Funktion einer Naturerklärung wie auch die Funktion von moralischen Prinzipien, also einer Ethik. Diese zwei Funktionen haben nichts miteinander zu tun; denn wie Sie die Natur erklären, das ist *eine* Sache, und eine ganz andere Sache ist es, welche moralischen Prinzipien, welche Werte Sie haben. Doch ursprünglich waren die beiden Funktionen nicht geschieden. Dafür gibt es mehrere Gründe. Zunächst einmal war die Idee der Schöpfung der Welt durch einen Gott, der die höchste Intelligenz, die höchste Weisheit, die höchste Macht repräsentiert, eine tatsächlich einleuchtende, ja rationale Hypothese. Und auch wenn Sie sich heute als überzeugter Darwinist die Entwicklung der Welt, die Entwicklung des Menschen vorstellen als Folge der natürlichen Selektion oder Mutation, dann erscheint es immer noch so, als wäre die These von Gott als dem Schöpfer sehr viel einfacher zu begreifen und anzuerkennen als die These, der Mensch, wie er jetzt ist, sei das Produkt von vor Hunderten von Millionen Jahren von selbst erfolgten und in gewisser Weise dem Zufall oder zumindest den Selektionsgesetzen unterliegenden Prinzipien. Darwins Erklärung der Natur erscheint durchaus logisch und plausibel. Und doch ist sie unserm Bewußtsein fremd geblieben.

Der Mensch hat ja immer schon das Bedürfnis gehabt, auch in den primitivsten Zeiten, sich ein Bild von der Welt und ihrer Entstehung zu machen. Ganz alt ist zum Beispiel dieses Bild von der Weltentstehung: es ist jemand getötet worden, dann ist sein Blut herabgeflossen, und aus dem Blut wurden die Menschen gemacht, nein, nicht *die* Menschen, sondern nur die tapferen. Und die Feiglinge und Frauen, die sind nicht aus dem Blut, sondern aus dem Fleisch der zwei Beine gemacht worden. Das ist die alte Version der Theorie von Konrad Lorenz, daß dem Menschen der Instinkt zu töten, die Blutlust eingeboren sei. Nur nahmen diejenigen, die an diesen Mythos glaubten, liebenswürdigerweise die Frauen von der Blutlust aus. Allerdings hat man sie dafür mit den Feiglingen in einen Topf geworfen. Das ist bis heute nicht viel anders geworden. Nach dem Vorurteil der patriarchalischen Gesellschaft haben die Frauen weniger Gewissen, sie sind eitler, sie sind feiger und sie sind unrealistischer als die Männer. Nun, das ist notorisch falsch. In vielen Fällen könnte man die Attribute umkehren. Die meisten Frauen wissen, daß ein Mann, wenn er krank ist, sich furchtbar anstellt. Er ist durchweg wehleidiger und unsicherer als eine Frau. Aber man sagt es nicht, um den Mythos zu erhalten. Hier geschieht im Grunde dasselbe wie bei der Rassenpropaganda: was die Weißen über die Farbigen sagen, hat oft das gleiche Niveau wie das, was die Männer über die

Frauen sagen. Und sogar Freud behauptet, die Frauen hätten weniger Gewissen als die Männer. Nun, wie man *noch* weniger Gewissen haben kann als die Männer, das ist ja schwer vorstellbar. Natürlich ist das nichts anderes als eine Propagandameldung über die Minderwertigkeit des Feindes, die man überall da findet, wo eine Gruppe eine andere beherrscht und dafür sorgen muß, daß das Selbstbewußtsein der beherrschten Gruppe immer schön gedrückt bleibt, so daß keine Rebellion stattfindet.

Das war nur eine kleine Fußnote zu der einen Funktion der Religion, die Erklärung der Natur zu leisten. Das ging ja auch so weit ganz gut bis Darwin. Dann aber wird entdeckt, daß man sich, rational und wissenschaftlich betrachtet, die Entstehung der Welt, die Entstehung des Menschen, auch ohne die Idee eines Schöpfers erklären kann, nämlich nach den Gesetzen der Evolution. Ich sagte schon, das kann sich der Laie noch schwerer vorstellen als die Idee von Gott; aber für die Wissenschaft muß die Entstehung der Welt kein Rätsel mehr sein. Angesichts der Evolutionstheorie wird »Gott« zu einer Arbeitshypothese und die Erzählung von der Erschaffung der Welt und des Menschen zu einem Mythos, zu einem Gedicht, zu einem Symbol, das zwar etwas ausdrückt, aber keine wissenschaftliche Wahrheit darstellt.

Indem die Menschen nicht mehr zu beeindrucken waren von dem Anspruch der Religion, die Natur zu erklären, hat sie sozusagen das eine Bein verloren. Es blieb ihr die Funktion der Verkündung moralischer Postulate. »Liebe den Nächsten«, »Liebe den Fremden«, wie das Alte Testament sagt; »liebe deine Feinde«, wie es im Neuen Testament heißt. »Gib dem Armen dein letztes Hemd« – ja, will man solche Anweisun-

gen ernstnehmen, wie kann man dann noch ein erfolgreicher Mensch in der modernen Gesellschaft sein? Man wird zum Trottel, steigt nicht hinauf, sondern hinab. Die Ethik der Bibel wird zwar gepredigt, aber nicht praktiziert. So fahren wir auf zwei Gleisen. Es wird Altruismus gepriesen, man muß Menschenliebe haben; zugleich verhindert Erfolgszwang das Praktizieren dieser Tugenden. (Ich muß allerdings einschränkend hinzufügen, daß man nach meiner Meinung sehr wohl ein guter Christ oder ein guter Jude sein kann, also ein liebender Mensch – ohne in dieser Gesellschaft verhungern zu müssen. Es kommt auf die Kompetenz an, die einer hat, und auf die Zivilcourage, die man braucht, um in der Wahrheit und in der Liebe zu bleiben, statt sein Selbst für die Karriere zu opfern.)
Immerhin, es ist eine Tatsache, daß die Moral des Christentums oder des Judentums unvereinbar ist mit der Moral des Erfolgs, der Rücksichtslosigkeit, des Eigennutzes, des Nicht-Hergebens, des Nicht-Teilens. Darüber brauche ich nicht lange zu reden. Das weiß jeder von Ihnen, wenn er sich diese Frage stellt. Außerdem ist diese Doppelgleisigkeit oft genug beschrieben und kritisiert worden. Kurzum: Durch die im modernen Kapitalismus praktizierte »Ethik« ist der Religion das andere Bein amputiert worden. Sie kann nicht mehr die Repräsentantin von Werten sein, da man ihr auch in dieser Funktion nicht mehr traut. So hat Gott abgedankt sowohl als Schöpfer der Welt wie auch als Verkünder der Werte der Nächstenliebe und der Überwindung der Gier. Dennoch scheint der Mensch nicht ganz ohne Religion leben zu können oder zu wollen. Er lebt nicht nur vom Brot allein. Er muß eine Vision haben, einen Glauben, der sein Interesse erweckt und

ihn aus einer bloß tierischen Existenz erhebt. Ein Rückfall in früheres Heidentum mit seinem Götzendienst dürfte gegenwärtig nicht attraktiv sein. Aber ich meine, man kann sagen, es entwickelt sich in unserem Jahrhundert eine neue Religion, die ich »Religion der Technik« nennen möchte.

Die Religion der Technik hat zwei Aspekte. Der eine Aspekt ist das Schlaraffenland, das heißt die Vorstellung von einer ungehinderten, unbegrenzten Bedürfnisbefriedigung. Die Bedürfnisse werden immer wieder produziert, es gibt also kein Ende, und der Mensch wartet wie ein ewiger Säugling mit offenem Munde, gefüttert zu werden, mehr und mehr und mehr. Das Paradies ist das Erlebnis des absoluten Genusses, des falschen Überflusses, der passiv und faul macht. Das Ziel der Technik ist die Eliminierung der Anstrengung.

Der andere Aspekt dieser Religion der Technik ist komplizierter. Der Mensch hat seit der Renaissance sein Denken darauf konzentriert, die Naturgeheimnisse zu durchschauen, zu verstehen. Die Geheimnisse der Natur aber waren zugleich die Geheimnisse ihres Schöpfers, jedenfalls zum Teil. Vierhundert Jahre hat der Mensch seine Energie darauf verwendet, die Geheimnisse der Natur zu erkennen, um sie beherrschen zu können. Die tiefste Intention war, der Natur, der Welt nicht nur beobachtend zuzuschauen, sondern sie selber machen zu können. Radikal zugespitzt müßte ich sagen (und es ist sehr schwer, hier die richtige Formel zu finden): Der Mensch wollte selber Gott werden. Was Gott gekonnt hat, müßte er auch können. Ich glaube, das Schauspiel, das wir gesehen haben, die Begeisterung für den Augenblick, da die Astronauten mit ihrem Stiefel dem Mond den Stempel aufgedrückt haben – das war ein heidnisch-religiöser Vorgang, ein erster Schritt auf dem

Weg, auf dem der Mensch Gott wird und es wagt, seine Grenzen zu überschreiten. Auch in christlichen Zeitungen konnte man damals lesen: Das ist das größte Ereignis seit der Schöpfung der Welt. Nun, für Christen ist es ein bißchen unvorsichtig, nach der Schöpfung ein größeres Ereignis als das der Menschwerdung Gottes zu konstatieren. Aber das vergaß man in diesem Moment, in dem man subjektiv als Wahrheit erlebte, daß der Mensch die Gesetze seiner Beschränktheit überwand, seine Erdenschwere verlor und sich auf dem Pfad ins Unendliche bewegte.

Nun, wenn ich das so sage, mag es übertrieben klingen; aber ich möchte auf Tendenzen aufmerksam machen, die sich – noch unter der Oberfläche vollziehen. Ist die hysterische Begeisterung für den Mondflug etwa nur ein Applaus für den Erfolg der Wissenschaft? Wohl kaum. Es gibt weit phantastischere wissenschaftliche Entdeckungen, mit denen man keine Katze hinter dem Ofen hervorlocken konnte. Nein, hier ist etwas Neues passiert, eine neue Form von Götzendienst bahnt sich an, in dem die Technik der neue Gott ist oder in dem der Mensch selbst zum Gott wird, und die Astronauten, das sind die Hohepriester dieser Religion. Deshalb wurden sie bewundert. Doch das gibt man nicht zu; denn man ist ja Christ oder Jude oder zumindest kein Heide. Deswegen muß man die Dinge verschleiern, rationalisieren. Doch hinter diesem ganzen Versteckspiel bildet sich, so glaube ich, eine neue Religion, in der die Technik zur großen Mutter wird, die alle ihre Kinder ernährt und zufriedenstellt. Ich weiß, das ist alles sehr schwierig; die Motive, aus denen diese neue Religion entworfen wird, vermischen sich auch; aber in jedem Fall verkündet diese neue Religion keine moralischen Prinzipien, außer dem einen, daß man tun muß, was technisch möglich ist! Die technische Möglichkeit wird zur moralischen Verpflichtung, zur Quelle der Moral selbst.

Dostojewskij hat gesagt: Wenn Gott tot ist, dann ist alles erlaubt. Bisherige Moral, so nahm er an, beruhte auf der Anerkennung Gottes. Glaubt der Mensch nicht mehr an Gott, ist Gott nicht mehr eine Realität, die sein Denken und sein Handeln prägt, dann ist allerdings zu fragen, ob er nun ganz und gar unmoralisch wird, ob er sich an keinen moralischen Prinzipien mehr orientiert. In der Tat ist diese Frage ernstzunehmen. Und wenn man pessimistisch sein will, so kann man meinen, es sei tatsächlich so gekommen und unsere Moral sinke ständig ab. Da gibt es signifikante Unterschiede zwischen früher und heute. Zum Beispiel hat man 1914 noch zwei international geltende Regeln beachtet: man hat im Krieg keine Zivilisten getötet, und man hat Menschen nicht gefoltert. Heute werden selbstverständlich bei jeder Kriegführung Zivilisten getötet, weil Einschränkungen im Gebrauch der Gewalt nicht mehr anerkannt werden. Die Technik könnte solche Differenzierungen auch gar nicht zulassen. Sie tötet anonym, mit Knopfdruck. Da das Gegenüber nicht zu sehen ist, kommen Regungen des Mitleids, des Mitgefühls nicht auf. Und zweitens: man foltert. Zwar bestreitet das jeder; aber es ist allgemein bekannt. Die Folter ist ein weitverbreitetes Instrument zur Erpressung von Informationen. Wir würden staunen, wenn wir wüßten, in wie vielen Ländern die Folter angewendet wird.

Vielleicht muß man nicht behaupten, daß die Grausamkeit wächst, aber es dürfte nicht zu leugnen sein, daß die Menschlichkeit abnimmt und mit ihr die moralischen Hemmungen.

Das hat eine große Veränderung in der Welt mit sich gebracht. Auf der andern Seite erkennen wir, daß neue moralische Prinzipien sich Geltung verschafft haben, namentlich in der jungen Generation, etwa im Kampf für den Frieden, für das Leben, gegen die Zerstörung und gegen den Krieg. Das sind nicht nur Phrasen, das ist die Wahrnehmung anderer, besserer Werte und Ziele bei vielen jungen (aber nicht ausschließlich jungen) Menschen. Millionen Menschen sind empfindlich geworden gegen die vielfältige Vernichtung von Leben, gegen die unmenschlichen Kriege, die nicht einmal der Selbsterhaltung dienen. Auch eine neue Moral der Liebe, im Gegensatz zum Konsum, deutet sich an, verzerrt vielleicht hier und da, aber doch eindrucksvoll im Protest gegen entleerte Formen und Formeln. Auch in der Selbstaufopferung im politischen Bereich finden wir Beispiele für eine neue Moral: in zahlreichen Befreiungskämpfen und Bemühungen um die Selbstbestimmung.

Es sind also Entwicklungen im Gang, die Mut machen und deretwegen ich glaube, daß Dostojewskij unrecht hatte, wenn er die moralischen Prinzipien mit dem Glauben an Gott verband. Der Buddhismus ist ein glänzendes Exempel dafür, daß es in manchen Kulturen durchaus moralische Prinzipien ohne die autoritär-patriarchalische Basis gibt. Sie gedeihen, wenn Sie so wollen, auf einer humanen Grundlage. Das heißt, der Mensch kann gar nicht leben, er wird verwirrt und unglücklich, wenn er nicht ein Prinzip kennt, das für ihn und die Umwelt als Prinzip der Lebensführung gelten kann. Dies Prinzip soll ihm nicht von außen aufgezwungen, sondern es muß aus ihm selber evident gemacht werden. Auf die vielen Aspekte dieses Problems kann ich jetzt nicht eingehen. Aber ich wollte, wie schon anfangs erwähnt, zeigen, daß der Mensch ein tief in ihn eingewurzeltes Bedürfnis hat, moralisch zu handeln. Durch Unmoral verliert er seine Harmonie, sein Gleichgewicht. Und es ist Unmoral, wenn ihm – unter dem Vorwand von Moral – eingeredet wird, daß er töten muß, daß er gehorchen soll, daß er nur sein eigenes Interesse zu verfolgen hat, daß Mitleid ihn nur stören wird usw. Werden diese Stimmen zu laut, dann kann es dazu kommen, die eigene innere Stimme des humanistischen Gewissens nicht mehr zu hören. Dann wird jemand auch auf die Idee kommen, daß, wenn Gott tot ist, alles erlaubt sei.

6 *Wider die Grenzen des menschlichen Wachstums*

In der Moralkrise, die wir gegenwärtig durchlaufen, spielt die junge Generation eine besondere Rolle. Ich denke speziell an die radikalen unter den jungen Erwachsenen – wobei ich mit »radikal« nicht diejenigen meine, die sich so nennen und die zu glauben scheinen, daß die Rechtfertigung jeder Art von Gewalt den Namen Radikalität beanspruchen kann. Viele junge Menschen sind nur kindisch statt radikal – Lenin hat sich darüber bereits geäußert in seinem Aufsatz über die Kinderkrankheiten des Kommunismus.

Aber es gibt weite Kreise unter den jungen Menschen, die radikal nicht allein in ihren politischen Forderungen sind, sondern in einem Punkte, der aufs engste zusammenhängt mit dem Thema meines vorigen Vortrags, also mit der Ablehnung der autoritären Moral. Dieser Aufstand richtet sich nicht bloß gegen die Autorität (gegen Autoritäten hat man in allen Revolutionen protestiert), sondern gegen das patriarchalische Prinzip und die in ihm verwurzelte und begründete Moral, nach der Gehorsam Tugend und Ungehorsam Sünde ist. In der Folge dieser Moral entwickelt sich ein Phänomen, das von erheblicher Bedeutung ist: daß der Mensch Schuldgefühle bekommt, wenn er nicht tut, was er tun sollte. Anstelle dessen, was der Mensch nach seinem eigenen Herzen, nach seinem eigenen Gefühl, nach seiner eigenen Menschlichkeit tun sollte, wird er einer autoritären Ordnung unterworfen, die verletzt zu haben er mit Schuldgefühlen bezahlen muß.

Ich habe nun den Eindruck, daß es die Befreiung von den durch die autoritäre Moral verursachten Schuldgefühlen ist, die einen großen Teil der jungen Generation kennzeichnet und die sie für viele – auch für mich – so sympathisch macht. Sie haben mit dem Schuldgefühl, das der westlichen Menschheit in jüdisch-christlicher Tradition zweitausend Jahre lang eingeimpft worden ist und in dem die Angst vor dem Abweichen von der Norm weitgehend unser Handeln bestimmt hat, im großen und ganzen Schluß gemacht, ohne aber deshalb unmoralisch geworden zu sein. Vielmehr sind sie auf der Suche nach neuen Prinzipien der Moral.

Hier muß auch eine andere Erscheinung genannt werden, die ich für ein Merkmal der jungen Generation halte: die neue Ehrlichkeit. Man fühlt sich nicht mehr in dem Maße wie frühere Generationen dazu genötigt, sich zu entschuldigen, zu rationalisieren und Dinge nicht beim Namen zu nennen. Dabei werden gelegentlich Ausdrücke verwendet, die keinen sonderlichen ästhetischen Rang haben und die manch einen abschrecken, der in überbrachten Konventionen erzogen worden ist. Entscheidend jedoch ist, daß da eine Ehrlichkeit zutage

tritt, die ganz erheblich absticht von der typischen Unehrlichkeit, die in der bürgerlichen, patriarchalischen Struktur üblich ist, in der man immer verbergen muß, weswegen man sich schuldig fühlt, und in der man stets zu erscheinen hat, als wäre man der Inbegriff guter Eigenschaften. Daß man jemand ist, dem »nichts Menschliches fremd« ist, durfte nicht zugegeben werden, weil man sich dann bereits an der Grenze zum Ungehorsam befand. Aber gerade, wenn man erkennt und anerkennt, daß die Wirklichkeit des Menschen das Beste wie das Schlechteste in sich schließt, wird man menschlich. Statt sich zu empören über unsere negativen Potentiale, kommt es darauf an, sie auch als einen Teil unseres Menschseins zu erleben.
Zu dieser neuen Ehrlichkeit hat, so scheint mir, Sigmund Freud sehr viel beigetragen. Er hat ja eine ganz neue Dimension der Ehrlichkeit eröffnet. Vor Freud hat es genügt, wenn jemand seine »guten Absichten« beteuerte. Seit Freud jedoch das Unbewußte entdeckt und systematisch untersucht hat, genügen die Absichtsbekundungen nicht mehr; denn das Interesse gilt nun den unbewußten Motiven hinter den guten Absichten. Und dann gelangt man zu dem Ergebnis, daß es kaum einen Unterschied macht, ob sich jemand seiner schlechten Absichten bewußt ist oder ob er nur geschickt genug war, sie zu rationalisieren und vor sich selber ebenso wie vor anderen zu leugnen. Im Gegenteil: Vielleicht hat einer mit wirklich schlechten Absichten schon etwas mehr Ehrlichkeit erzielt als ein anderer, der seine schlechten Absichten aus seinem Bewußtsein verdrängt, der sie aber um so erfolgreicher verwirklichen kann, weil er sie in gute und tugendhafte Ideen zu verpacken vermag.
Seit Freud wird der Mensch damit konfrontiert, daß er nicht

nur für sein Bewußtes und für seine »guten Absichten«, sondern auch für sein Unbewußtes verantwortlich ist. Seine Handlungen, nicht seine Worte allein sprechen für ihn. Es könnte sogar sein, daß die Worte überhaupt nichts besagen. Und daran ist nicht bloß Freud schuld, sondern ebenso die Erfahrung, daß die Menschen so verlogen waren, daß Kriege geführt und Hunderte von Millionen umgebracht worden oder einer »höheren Ehre« wegen freiwillig in den Tod gegangen sind – und das alles eben aufgrund von Lügen, von Parolen, so daß wir heute immer weniger beeindruckt sein sollten von dem, was die Menschen *sagen.* Worte und Gedanken sind billig und lassen sich auf die verschiedenste Weise verpacken. Deshalb fragen junge Menschen weniger: »Was hast du dir dabei gedacht?«, sondern sie dringen weiter vor: »Wie hast du gehandelt? Was waren deine Motive?«

Ich glaube, der Einfluß von Freud, diese Einführung einer neuen Ehrlichkeit, ist für die Entwicklung der westlichen Welt viel gravierender, als die ihm meistens zugeschriebene »sexuelle Revolution«. Die sexuelle Revolution, wenn man sie so nennen will, wäre wahrscheinlich auch ohne Freud gekommen – nämlich in einer ganz auf Konsum eingestellten Gesellschaft. Man kann ja den Menschen nicht dazu anhalten, alles zu wollen, was seine Sinne befriedigt, und ihm gleichzeitig sexuelle Entsagung nahelegen. In der Verbrauchergesellschaft wird auch die Sexualität selbstverständlich zum Konsumartikel. Davon leben inzwischen diverse Industrien, und es wird viel Geld ausgegeben, um für die Attraktivität von Sexualität zu sorgen. Das ist zwar im Vergleich zu früheren Zeiten eine Veränderung, aber keine Revolution. Und auf Freud kann sie sich schwerlich berufen.

Nein, was positiv neu sein dürfte, ist der Sachverhalt, daß in der jungen Generation Sexualität nicht mehr mit Schuldgefühlen verknüpft ist. Lassen Sie mich bei dem Zusammenhang zwischen Sexualität und Schuldgefühlen ein wenig verweilen. Wenn die autoritäre Ethik die sexuellen Begierden für »sündhaft« erklärt, dann ergibt sich natürlich eine unerschöpfliche Quelle von Schuldgefühlen. Man könnte sagen, daß dann jeder von uns vom dritten Lebensjahr an ein gewaltiges Bankkonto an Schuldgefühlen besitzt. Da der Mensch, wie er ist, mit Notwendigkeit sexuelle Wünsche hat, so muß er sich schuldig vorkommen, wenn diese stigmatisiert werden. Die Restriktion der Sexualität führt zu Schuldgefühlen, die dann im allgemeinen für die Aufrichtung und Aufrechterhaltung der autoritären Ethik benutzt werden.
Die junge Generation (zum Teil auch die ältere) scheint diese Sorte von Schuldgefühlen endlich über Bord geworfen zu haben. Und das ist ein ganz wesentlicher Fortschritt. Aber ich muß sogleich die Banalität hinzufügen, daß nicht alles Gold ist, was da glänzt. Durch die Konsumorientierung wird die Sexualität in Wirklichkeit immer mehr zu einer Verschleierung des Mangels an Intimität. Man ersetzt die menschliche Entfremdung durch körperliche Nähe. Aber körperliche Intimität schafft noch lange keine seelische Intimität. Die seelische Intimität, die wirkliche Übereinstimmung zweier Menschen, mag zwar mit der körperlichen Intimität zusammenhängen, mag sogar von ihr eingeleitet und immer wieder bestätigt werden; aber sie ist durchaus nicht mit ihr identisch. Gerade wenn einem die seelische Intimität fehlt, liegt es nahe, die körperliche Intimität an ihre Stelle zu rücken, die, wenn man normal gebaut und veranlagt ist, auch recht leicht gelingt.

Die junge Generation, so sagte ich, erkennt die patriarchalische Ordnung und auch die Konsumentengesellschaft nicht an. Aber auch die Jugend verfällt einer neuen Art von Konsumententum, wie sich am Beispiel des Umgangs mit Drogen ablesen läßt. Die Eltern leisten sich Autos, Kleider, Schmuck, die Kinder nehmen Drogen. Der Griff nach der Droge mit der Neigung zu wachsender Abhängigkeit hat viele Gründe, die es sorgsam zu bedenken gilt; aber in jedem Fall ist auch er ein Ausdruck des passiven, des faulen homo consumens, den die Kinder an ihren Eltern kritisieren, den sie aber mit anderen Vorzeichen selber darstellen. Auch diese Jugendlichen gehören zu den Menschen, die immer auf etwas warten, was von außen kommt: auf den Effekt der Droge, auf den Effekt der Sexualität, auf den Effekt der Rhythmen, die sie hypnotisieren, wegnehmen, mitreißen. Solche Rhythmen befördern nicht ihre Aktivität, sondern sie entführen sie wie in einer Orgie, wie in einem von Drogen erzeugten Zustand, in dem man sich vergißt, also tief passiv ist. Der aktive Mensch vergißt sich eben nicht, sondern er ist und wird dauernd er selbst. Er wird reifer, er wird mündiger, er wächst. Der passive Mensch ist, wie gesagt, der ewige Säugling. *Was* er konsumiert, ist am Ende gleichgültig; immer wartet er sozusagen mit offenem Mund auf die Flasche. Und dann wird er langsam zufriedengestellt, ohne etwas tun zu müssen. Keine seiner seelischen Kräfte wird dafür in Anspruch genommen, und zum Schluß wird er matt und müde und schläfrig. Der Schlaf, der dann einsetzt, ist oft eher eine Betäubung, eine Erschöpfung durch Langeweile als eine gesunde Regenerierung. Wieder mag Ihnen diese Schilderung übertrieben erscheinen; aber ansatzweise machen mehr Menschen diese Erfahrung als wir meinen. Und die bedürfnisproduzierenden Medien wiegen uns in dem Glauben, daß sich unsere Kultur nun einmal durch Konsum beweist. Können wir eigentlich, so müssen wir fragen, in unserer Gesellschaft des schlechten, des überflüssigen Überflusses, den der Mensch gar nicht verdauen kann, der nichts zu seinem Lebendigsein beiträgt – können wir, wenigstens im Prinzip, noch den guten Überfluß schaffen? Läßt sich von dem Überfluß, den wir technisch produzieren können, in irgendeiner Weise ein guter, ein produktiver, ein dem Menschen und seinem Wachstum zugute kommender Gebrauch machen? Es müßte möglich sein, wenn wir einsehen, daß es gilt, *die* Bedürfnisse zu steigern und zu befriedigen, die den Menschen aktiver, lebendiger, freier machen, so daß er nicht von Leidenschaften getrieben oder bloß auf Reize reagierend existiert, sondern daß er angeregt, aufgeschlossen, interessiert wird, seine in ihm angelegten Kräfte zur Entfaltung zu bringen und sich und andere zu beleben, zu bereichern, zu beflügeln. Das setzt natürlich voraus, daß sowohl die sogenannte Freizeit wie die Arbeitszeit anders organisiert werden müssen. Unsere Freizeit ist großenteils nur Faulzeit. Gern vermittelt sie uns die Illusion der Macht, indem wir uns durch einen Knopfdruck am Fernseher die Welt ins Haus holen oder indem wir uns ins Auto setzen und die hundert PS des Motors mit eigener Potenz verwechseln. Wirkliche Frei-Zeit haben wir in dem Maße, in dem wir Bedürfnisse fördern, die im Menschen wurzeln und die zur Entfaltung seiner Aktivität führen. Die Arbeit muß deshalb aufhören, monoton und langweilig zu sein. Und das Problem der Arbeitsorganisation lautet: Wie kann die Arbeit interessant, anregend, lebendig gemacht werden?

Hier stellt sich die grundsätzliche Frage nach dem Ziel unseres Arbeitens. Ist unser Ziel die Förderung von Produktion und Konsum? Oder ist das Ziel die Entfaltung und das Wachstum des Menschen? Meistens wird behauptet, das eine lasse sich vom andern nicht trennen: Was gut ist für die Industrie, ist auch gut für den Menschen und umgekehrt. Das klingt wie eine schöne Idee von einer prästabilisierten Harmonie – ist aber in Wahrheit ein großer Schwindel. Es ist unschwer zu beweisen, daß vieles gut war für die Industrie, was schlecht war für den Menschen. Das ist ja heute unser Dilemma. Wenn wir weitermachen wie bisher, geht der Fortschritt auf Kosten des Menschen. Deswegen haben wir eine Entscheidung zu treffen. Wir haben, biblisch gesprochen, zu wählen zwischen Gott und dem Kaiser. Das hört sich sehr dramatisch an; wenn man aber ernsthaft über das Leben spricht, dann wird es dramatisch. Es geht mir im Moment nicht nur um die Frage nach Leben oder Tod, sondern um die Frage des zunehmenden Totseins oder Lebendigseins im Leben. Alles kommt darauf an, lebendiger, lebensvoller zu werden. Darüber täuschen sich die Menschen immer hinweg. Sie leben, als ob sie zu leben aufgehört oder noch gar nicht zu leben begonnen hätten.

Nach dem Volksmund ist jeder ab Vierzig für sein Gesicht selbst verantwortlich. Damit soll gesagt sein, daß die eigene Lebensgeschichte zu erkennen gibt, ob einer sein Leben richtig oder falsch (nicht im Sinne der Moral, sondern im Sinne seines einmaligen Seins) gelebt hat. Und die glänzendsten Grabreden mit ihren Erfolgskatalogen können die eigentliche Frage nicht zudecken, der wir nicht ausweichen sollten: Waren oder sind wir wirklich lebendig? Leben wir – oder werden wir gelebt? Ich stimme Denkern wie Marx oder Disraeli zu, die überzeugt waren, daß Luxus kein geringeres Übel sei als Armut. Und unter Luxus verstanden sie dasselbe wie das, was wir hier als überflüssigen Überfluß beschrieben haben. Wenn wir aber statt dessen als Ziel einen überfließenden Überfluß anstreben, dann ist wohl klar, daß unsere Denk- und Lebensgewohnheiten ganz grundlegend verändert werden müssen. Der außerordentlichen Schwierigkeiten, die darin bestehen, solche Veränderungen der Verhältnisse herbeizuführen, bin ich mir selbstverständlich bewußt.

Ich glaube allerdings, daß diese Veränderungen nur herbeigeführt werden können aufgrund des tiefen Erlebnisses der Menschen, daß sie mehr Leben, daß sie weniger Routine, daß sie keine Langeweile, sondern daß sie Bedürfnisse wollen, die sie vitaler und spontaner, die sie freier und froher machen. Viele Völker (vornehmlich die technisch unterentwickelten) träumen, daß sie glücklich wären, wenn sie alles hätten, was die Amerikaner haben. Andererseits ist gerade in den USA die Zahl derer am größten, die erfahren haben, daß man mit all dem modernen Komfort eben nicht glücklicher wird, eher passiv, unpersönlich und manipulierbar. Die rebellierende Jugend stammt nicht von ungefähr zum größten Teil aus der Mittel- und Oberklasse, die den überdrüssigen Überfluß verkörpert. Dieser aber macht höchstens in der Phantasie glücklich, in der Einbildung, aber nicht in der Tiefe der Seele.

Mir scheint es außerordentlich wichtig, sich über ein Prinzip klar zu werden, dem wir für die Strategie der Kunst des Lebens unsere volle Aufmerksamkeit widmen müßten: man verfehlt das Leben, wenn man konfliktierende Ziele verfolgt und nicht durchschaut, daß sie sich widersprechen und ausschließen. Sie kennen das plausible Beispiel des Pawlowschen Hunds. Den hat man so trainiert, daß er Hunger bekommt, wenn er einen Kreis sieht, und daß er dem Essen abgeneigt ist, wenn er eine Ellipse sieht. Und dann hat man den Kreis und die Ellipse einander so angenähert, daß der Hund sie nicht mehr unterscheiden konnte – und in diesem Konflikt wurde er krank und zeigte die klassischen Symptome der Neurose. Er wurde ängstlich, verwirrt und unsicher.

Ebenso wird der Mensch seelisch krank, wenn er konfliktierende Ziele verfolgt. Er verliert sein Gleichgewicht, sein Selbstbewußtsein, sein Unterscheidungsvermögen. Er weiß nicht mehr, was gut für ihn ist. So müssen wir uns zuallererst einmal unbestechlich fragen, was für konfliktierende Ziele das sind, die wir verfolgen. Wieso vertragen sie sich nicht? Was für einen Schaden richtet der Konflikt in uns an? Diese Fragen sind nicht mit Reden und schon gar nicht mit Propaganda, die die Menschen fanatisieren, zu beantworten, sondern jeder einzelne sollte sich Rechenschaft zu geben versuchen mit der Überlegung: »Du lebst nur eine kurze Zeit – wer bist und was willst du eigentlich?« Wenn wir uns dem Überfluß, der schließlich Armut, Armseligkeit erzeugt, verschreiben, wird der Reichtum, der uns innewohnt und sich entfalten will, unterdrückt. Von der Entscheidung für den schlechten oder für den guten Überfluß hängt nicht mehr und nicht weniger als die Zukunft des Menschen ab.

Der Traum ist die Sprache des universalen Menschen

Wir alle glauben, daß wir nur eine Sprache beherrschen. Wir nennen sie unsere Muttersprache. Vielleicht haben wir auch noch einige Fremdsprachen gelernt: Französisch, Englisch, Italienisch. Wir vergessen dabei, daß wir alle noch eine andere Sprache sprechen, nämlich die Sprache der Träume. Diese Sprache ist sehr merkwürdig. Es handelt sich um eine *universale Sprache*, die zu allen Zeiten in der menschlichen Geschichte und in allen Kulturen vorkam. Die Traumsprache eines Primitiven, die Traumsprache von Pharao in der Bibel, die Traumsprache eines Einwohners von Stuttgart oder von New York ist fast dieselbe. Wir sprechen diese Sprache jede Nacht. Obwohl wir meistens vergessen, was wir geträumt haben, und deshalb meinen, wir hätten nicht geträumt, träumen wir doch Nacht für Nacht.

Was sind nun die Eigenarten dieser Traumsprache? Zunächst einmal ist sie eben eine Nachtsprache, eine Schlafsprache. Es ist, als ob wir Französisch nur in der Nacht sprechen könnten und am Tag kein Wort verstünden. Es ist außerdem eine Symbolsprache. Wir können sagen, daß diese Sprache in konkreter Form mit Bezug auf sinnliche, fast greifbare, sehbare Dinge innere Erlebnisse ausdrückt, daß das Äußere für etwas Inneres steht, das Ding für ein Erlebnis. Das ist wie in der Dichtung: Wenn ein Schriftsteller sagt: »Die rote Rose macht mein Herz warm«, dann meint niemand, daß die Temperatur steigt, denn er bezieht sich damit auf ein Gefühl, auf ein Erlebnis, das er in der Form eines konkreten physischen Ablaufes ausdrückt.

Vielleicht erläutert ein Beispiel von einem sehr interessanten Traum, was ich meine. Sigmund Freud hat ihn geträumt und erzählt. Es ist der Traum vom Herbarium; er ist sehr kurz. Freud träumte, daß er ein Herbarium habe, und darin befinde sich eine getrocknete Blume. Das ist alles. Er hat dazu einige Einfälle: Diese Blume ist die Lieblingsblume seiner Frau, und seine Frau beklagte sich öfters, daß er ihr nie Blumen bringe. Dann aber hat diese Blume etwas zu tun mit dem Kokain, das er fast zur gleichen Zeit wie der Entdecker des Kokains für medizinische Zwecke wahrgenommen hatte. Das ist ein einfaches Symbol: die Blume im Herbarium. Es bedeutet aber sehr viel. Es sagt etwas aus über einen der wesentlichsten Züge in Freuds Persönlichkeit. Die Blume ist ein Symbol der Liebe, auch der Sexualität, des Erotischen, des Lebendigen. Aber die Blume im Herbarium ist eine vertrocknete Blume, die nur noch einen ganz anderen Zweck hat, nämlich den der wissenschaftlichen Inspektion. Sie wird untersucht als Gegenstand der Forschung, aber nicht mehr erlebt als etwas Blühendes, Lebendiges. Wenn man sich Freuds Haltung zu Liebe und zu Sexualität ansieht, dann bemerkt man tatsächlich: Er hat sie zwar zum Gegenstand der wissenschaftlichen Untersuchung gemacht, aber er war im Leben eher ein etwas prüder, scheuer Mann. Noch Anfang der vierziger Jahre schrieb er einmal einem Freund, wie sehr es ihn überrascht habe, daß er eine Frau sah, die er attraktiv fand. Das ist nur ein Beispiel für die Erlebnishaltung von Freud in einem Alter, in dem die meisten Männer über ein solches Erlebnis nicht erstaunt wären. In der getrockneten Blume haben wir also ein Symbol vor uns, und man findet in diesem kleinen Symbol, das nur weniger Worte bedarf, um beschrieben zu werden, tatsächlich eine Charakterisierung Freuds, über die man viele Seiten schreiben müßte, um das genau wiederzugeben, was dieser kurze Traum in seiner symbolischen Sprache mitzuteilen vermag.

Eine weitere Erkenntnis der Traumsprache ist die, daß wir im Traum viel mehr über andere und über uns wissen, als uns im Wachsein bewußt ist. Wir sind – und ich komme gleich darauf zurück – im Traum zwar in gewisser Weise irrationaler, aber in gewisser Weise auch viel weiser, viel einsichtsvoller als im Wachsein. Das zeigt ja auch das Beispiel von Freud: Er war sich dieses Wesenszuges wohl kaum bewußt, wie man an seiner eigenen Analyse erkennen kann; aber in seinem Traum hat er seine zwiespältige, doppelwertige Stellung zu dem, was die Blume symbolisiert, klar erkannt.

Damit hängt wiederum ein Zug der Traumsprache zusammen, der im allgemeinen nicht genügend gewürdigt wird, wenn von Träumen gesprochen wird: Die meisten Menschen (ich sage »die meisten«; wir haben jedoch keine Statistik darüber, so sollte ich vielleicht vorsichtiger nur von »vielen Menschen« oder am besten von der Mehrzahl der Menschen reden, die ich in der analytischen Praxis gesehen habe) sind im Traum in einer Weise kreativ, wie sie es sich im Wachleben überhaupt nicht träumen ließen. Im Traum werden sie zu Schöpfern von Erzählungen, von Gedichten, von Mythen – dieselben Menschen, die im Wachzustand nichts von alledem, auch mit der größten Mühe nicht, zustande bringen würden. Wie viele Träume habe ich gehört, die man wörtlich veröffentlichen könnte und die es aufnehmen würden mit mancher Kurzgeschichte von Kafka. Und doch, wenn derselbe Mensch wach ist und man wollte ihm sagen: »Ja, schreib doch mal eine Kurzgeschichte wie Kafka«, dann würde er einen ansehen, als

ob man nicht bei Trost wäre. Und sicherlich wäre es für ihn unmöglich. Im Traum ist er ein Dichter, ein Künstler, derselbe Mensch, der im Wachsein alle diese Fähigkeiten verloren hat. Ja, man könnte sogar zugespitzt einen schöpferischen Künstler als einen Menschen definieren, der schöpferisch ist, ohne zu schlafen, das heißt, er ist schöpferisch, obwohl er wacht.
Am Tage entspricht der Mensch einer bestimmten Kultur. Was wir am Tage sagen, das hängt sehr davon ab, wo wir geboren sind. Ein Afrikaner, der einem Jägerstamm angehört, spricht über andere Dinge und in anderen Kategorien als unsereiner – das versteht sich von selbst. Was wir sprechen, ist gesellschaftlich bedingt. Im Traum aber sprechen wir eine universale Sprache. Unsere Tagsprache, die wir für unsere Muttersprache oder für eine Fremdsprache halten, ist immer eine gesellschaftlich bedingte Sprache. Die Traumsprache dagegen ist eine *universale Sprache*, die *Menschheitssprache.*
Wie erklären wir nun diese Eigenschaft? Zunächst muß ich auf etwas eingehen, was vielleicht kompliziert erscheint, aber in Wirklichkeit doch recht einfach ist, nämlich auf den Unterschied zwischen Wachsein und Schlafen. Wir leben ja in zwei Existenzformen, die uns so selbstverständlich sind, daß wir uns ihrer oft gar nicht bewußt werden: Einen Teil unseres Lebens verbringen wir wachend und einen anderen Teil schlafend. Was heißt das aber: wir sind wach? Wenn wir wach sind, sind wir in einem Zustand, in dem wir für unser Leben sorgen müssen: Wir müssen arbeiten, wir müssen das erwerben, was wir brauchen, um leben zu können; wir müssen uns verteidigen gegen Angriffe; kurz: wir müssen »kämpfen und fechten«. Das hat Folgen für unser Handeln, und es hat Folgen für unser Denken. Für unser Handeln: Wir müssen uns einordnen,

wir müssen uns so verhalten, wie es die Gesellschaft, in der wir leben, erwartet, damit wir produzieren, damit wir arbeiten können. Aber – was wichtiger ist – es hat auch einen großen Einfluß auf die Kategorien unseres Denkens und auf unser Fühlen.

Am Tage müssen wir die Dinge so sehen, wie wir sie sehen müssen, um sie zu manipulieren, um mit ihnen umzugehen, um sie zu benutzen, um etwas aus ihnen zu machen. Wir müssen uns vernünftig benehmen, und »vernünftig« heißt: so wie die anderen, so, daß die anderen uns verstehen, aber auch so, daß sie uns mögen und nicht meinen: Das ist ja ein ganz abwegiger oder verrückter Mensch. So denken und fühlen wir, was der »gesunde Menschenverstand« und das sogenannte »gesunde Gefühl« uns vorschreiben. Wir denken und fühlen, daß wir alle unsere Eltern lieben, daß sie und alle anderen Autoritäten das Beste nicht nur wollen, sondern auch das Beste wissen und tun, und was der Dinge mehr sind. Wir fühlen uns glücklich oder heiter, wenn der Anlaß es gebietet, und traurig, wenn der Anlaß es anders gebietet, obwohl wir in Wirklichkeit manchmal gar nichts fühlen, sondern nur denken, daß wir es fühlen, weil wir ein fröhliches oder ein trauriges Gesicht aufsetzen. Und wir denken nicht, was absurd erscheint, »weil nicht sein kann, was nicht sein darf«. Das schönste Beispiel dafür kennt man aus Andersens Märchen von den Kleidern des Kaisers: Der Kaiser ist nackt, alle Erwachsenen denken, er hat wunderbare Kleider an, weil man das ja erwartet; nur der kleine Junge sieht, er hat gar keine Kleider an, weil sein Denken noch nicht so geformt ist wie das Wachdenken der meisten Menschen. Wir tun, denken und fühlen, was man von uns erwartet, wenn wir wach sind.

Ich wähle ein anderes Traumbeispiel, welches dasselbe illustriert. Ein Manager hat eine hohe Position in einem Unternehmen; es ist nur ein Direktor über ihm. Und bewußt sagt er sich: ich stehe mit dem Chef sehr gut, ich mag ihn gerne, ich hab gar keine Schwierigkeiten mit ihm. Dann hat er einen Traum: Er sieht sich gefesselt, mit Telefondraht sind ihm seine Hände zusammengeschnürt, und das Telefon hängt noch an einer Seite herunter. Und er sieht diesen Direktor auf der Erde neben sich liegen, anscheinend schlafend, und er spürt eine ungeheure Wut. Er entdeckt einen Hammer, nimmt ihn mit beiden Händen und versucht, den Kopf des Direktors zu zerschmettern. Er trifft, aber nichts passiert; der Direktor schlägt die Augen auf und lächelt ihn ironisch an ... Während der Mann also glaubt, daß er zu seinem Direktor ein gutes Verhältnis hat, gibt uns sein Traum zu erkennen, daß er diesen Vorgesetzten in Wirklichkeit haßt, sich gefesselt, unterdrückt, gebunden fühlt und ihm gegenüber ganz impotent und machtlos ist. Das ist die Wirklichkeit, die er im Traum erlebt, im Wachsein ist sie – zumindest scheinbar – verschwunden.
Was geht denn im Schlafzustand vor? Wir sind frei. Das ist merkwürdig und klingt vielleicht befremdlich. Aber in gewisser Weise kann man sagen: Nur wenn wir schlafen, sind wir frei, das heißt, da haben wir keine Verantwortung für unseren Lebenskampf, wir brauchen nichts zu erobern, wir brauchen uns nicht zu verteidigen, wir brauchen uns nicht anzupassen, wir denken und fühlen, was *wir* denken und fühlen. Unser Denken und Fühlen erlangt im Schlaf äußerste Subjektivität. Im Schlaf brauchen wir nichts zu *tun*, wir brauchen bloß zu *sein*. Im Schlaf haben wir keine Zwecke. Wir können die Welt so erleben, wie sie uns erscheint, wie wir sie wirklich sehen,

und nicht, wie sie uns erscheinen *soll*, um irgendeinen Zweck zu erfüllen. Anders ausgedrückt: Im Schlaf erscheint das Unbewußte auf der Bühne. Das Unbewußte ist aber gar nichts Mysteriöses; es bedeutet nur: Im Schlaf erscheint das, was wir im Wachsein nicht wissen, als das, was wir wissen, und umgekehrt: Im Wachen wissen wir nicht das, was wir im Schlaf wissen. Man kann sogar sagen: Im Wachen ist das Schlafbewußte unbewußt, und im Schlafen ist das Wachbewußte unbewußt. Es sind zwei verschiedene Ebenen: die eine ist im Schlafen, die andere im Wachen bewußt oder unbewußt. Heißt das nun, daß wir im Schlafen irrationaler, triebhafter sind? Manchmal gewiß, aber durchaus nicht immer, nicht einmal in den meisten Fällen, obwohl Freud geglaubt hat, daß der Traum immer das Irrationale gegen das Rationale ausdrückt. Wir haben jedoch, wie gesagt, sehr häufig im Traum eine größere Einsicht, eine größere Weisheit, weil wir unabhängiger sind, weil wir ohne Scheuklappen schauen und empfinden können. Sogar im Schlaf zensieren wir unseren Traum, wagen wir nicht die Freiheit der Träume anzunehmen, sondern verändern und verdecken den wahren Trauminhalt, wie man das tun würde, wenn man nicht will, daß ein anderer versteht, was man eigentlich meint. In diesem Fall: Man will sich selbst im Schlaf nicht ganz verstehen. Darum pflegen wir den Traum zu vergessen; denn die meisten unserer Träume würden in das Leben des Wachseins nicht hineinpassen; sie würden nur stören und uns irritieren.

Wir sind im Traum schöpferischer. Wir entfalten im Traum Fähigkeiten zur Kreativität, die wir im Wachsein nicht kennen, nicht ahnen. Ich denke zum Beispiel an den Traum eines Mannes, der auch ein erfolgreicher Manager ist. (Die Träume, die ich hier erzähle, stammen übrigens nicht von Patienten von mir, sondern sie sind Studien entnommen, die Manager-Persönlichkeiten gewidmet waren.) Dieser Mann fühlte sich sehr glücklich, weil er erfolgreich war. Und tatsächlich, seinem Einkommen und seinem Einfluß nach muß er sich so fühlen; denn wir fühlen ja meistens das, was wir fühlen sollen. Also dieser Mann fühlt sich auch sehr glücklich – und dann hat er einen Traum. Im ersten Teil dieses Traumes ist er an einem kleinen See. Der See ist schmutzig, es ist dunkel, es ist eine häßliche, unschöne Atmosphäre. Und er erinnert sich – nach dem Traum –, daß dieser See tatsächlich genauso ist wie ein See, in dessen Nähe seine Eltern wohnten. Es ist eine unerfreuliche Erinnerung nicht nur an den See, sondern auch an die Stimmung, an das Traurige und Armselige seiner Kindheit. In der zweiten Szene sieht er sich in einem der teuersten Automobile auf einer hochmodernen Landstraße einen Berg hinauffahren, mit großer Geschwindigkeit und mit einem Gefühl der Macht und des Erfolgs – und ist glücklich. Und dann kommt noch eine dritte Szene. Sie ereignet sich, nachdem er die höchste Stelle erreicht hat. Plötzlich sieht er sich in einem Pornographieladen. Er ist ganz allein – in dem Auto war er zusammen mit seiner Frau –, kein Mensch ist jetzt da, alles ist staubig und schmutzig, und er fühlt sich vollkommen einsam und verlassen. Dieser Traum sagt uns, was er in Wirklichkeit über sein eigenes Leben, über sein Schicksal fühlt. Ganz einfach ausgedrückt: Als Kind war alles traurig und schmutzig, jetzt bin ich der erfolgreiche Mann, der mit rasender Geschwindigkeit zum Gipfel des Erfolgs fährt; aber zum Schluß, wenn dieser ganze Erfolgsrummel vorbei ist, dann werde ich wieder im selben Schmutz, in derselben Armseligkeit, in derselben Traurigkeit, in derselben Verlassenheit sein wie als Kind. Alles wird vergehen, und ich komme dahin, wo ich hergekommen bin. Dies ist kein Wunsch; es ist eine tiefe Einsicht in die Leere seines Lebens, ausgedrückt in einer schöpferisch-künstlerischen Sprache.

Wir können sagen, daß viele Menschen zum schöpferischen Gestalten imstande wären, aber am Tage so sehr unter dem Druck der Gesellschaft – unter dem, was Heidegger das »Man« nennt – stehen, daß sie nicht den Mut haben, sie selber zu sein und selbst etwas zu schaffen. In der Tat ein betrüblicher Kommentar zu unserer Gesellschaft, die dem Menschen nicht erlaubt, die schöpferischen Qualitäten, die ihm innewohnen, zu verwirklichen.

Im Traum machen wir uns selbst eine Mitteilung – wie im Talmud (Berachot 55a) zu lesen ist: »Ein ungedeuteter Traum gleicht einem ungelesenen Brief.« In Wirklichkeit ist das Wort »deuten« sogar nicht einmal richtig. Man braucht den Traum gar nicht zu deuten – da ist gar nichts zu deuten –, sowenig wie man Chinesisch oder Italienisch deutet, wenn man die Sprache lernt. Es ist eine Sprache, die man lernt, die ihre eigene Grammatik, die ihre eigenen Formen hat, eine Sprache, die das Erleben ausdrückt und die nicht der Beschreibung von »Tatsachen« dient. Es ist leicht, die Traumsprache zu lernen. Dazu muß man nicht Psychoanalytiker werden, man könnte sie schon in der Schule lernen zur selben Zeit, in der man Fremdsprachen lernt. Würde man beginnen, die Traumsprache zu lernen, so hätte das meines Erachtens große Vorteile, denn wir wissen mehr über uns und über andere, wenn wir unsere Träume verstehen. Nun, ich sage, das kann Vorteile haben. Denn es kann auch Nachteile haben. Im allgemeinen wollen wir gar nicht so viel über uns oder über andere wissen; es stört uns nur. Und doch leben wir reicher, vitaler, stärker, je mehr wir über uns wissen und je weniger Illusionen wir über andere haben. Außerdem kommen wir, wenn wir die Traumsprache verstehen, etwas weg von der einseitigen intellektuellen Orientierung, die gerade heute für die meisten Menschen kennzeichnend ist. Wir denken dann nicht mehr *ausschließlich* in Begrifflichkeiten, sondern gewinnen überdies ein Verhältnis zur Differenziertheit der Gefühle. Wir integrieren Intellekt und Emotion und lassen falsche Alternativen hinter uns. Ich rede damit keinesfalls einer gefährlichen Anti-Intellektualität oder gar einer neuen Sentimentalität das Wort; aber ich meine, daß die Traumsprache uns etwas lehren kann, dessen wir – jetzt mehr denn je – zum Leben bedürfen: Im Träumen können wir zu Dichtern werden.

Psychologie für Nichtpsychologen

Wer sind Nichtpsychologen? Und was ist Psychologie? Wer Nichtpsychologen sind, läßt sich vielleicht beantworten, und zwar scheinbar einfach: Nichtpsychologen sind Leute, die nicht Psychologie studiert haben, die keinen Doktorhut dieses Fachbereiches besitzen. Dann sind natürlich fast alle Menschen keine Psychologen. Aber das stimmt so nicht. Denn ich möchte behaupten, daß es Nichtpsychologen in Wirklichkeit überhaupt nicht gibt, da jeder Mensch in seinem Leben auf seine Weise Psychologie betreibt und betreiben muß. Er muß wissen, was im anderen vorgeht, er muß versuchen, andere zu verstehen. Er muß sogar versuchen vorauszusehen, wie andere sich verhalten werden. Dazu geht er nicht in das Labor einer Universität, sondern er geht – und eigentlich braucht er gar nicht erst zu gehen – in das Labor des täglichen Lebens, in dem alle Experimente und alle Fälle von ihm durchdacht oder überlegt werden können. Die Frage lautet also gar nicht: Ist jemand Psychologe oder ist er Nichtpsychologe, sondern sie heißt nur: Ist jemand ein guter oder ein schlechter Psychologe? Und da, glaube ich, könnte das Studium der Psychologie ihm helfen, ein besserer Psychologe zu werden.

Damit kommen wir zur zweiten Frage: Was ist denn Psychologie? Diese Frage ist viel schwerer zu beantworten als die erste. Wir müssen uns ein bißchen Zeit für sie nehmen. Wörtlich heißt »Psychologie« Wissenschaft von der Seele. Aber das sagt uns noch sehr wenig darüber, was diese Wissenschaft von der Seele eigentlich ist: was sie zum Gegenstand hat, welche Methoden sie anwendet, was ihr Ziel ist.

Die meisten Menschen denken, daß die Psychologie eine relativ moderne Wissenschaft sei. Sie meinen das deshalb, weil das Wort »Psychologie« im großen und ganzen erst in den letzten 100 oder 150 Jahren bekanntgeworden ist. Sie vergessen jedoch, daß es eine Psychologie gibt, die vormodern ist, die sich – sagen wir mal – vom Jahre 500 vor Christus bis ins 17. Jahrhundert hineinerstreckt, daß diese Psychologie sich aber nicht »Psychologie« genannt hat, sondern »Ethik« oder auch sehr häufig »Philosophie«; sie war aber nichts anderes als Psychologie. Was waren denn das Wesen und die Absicht dieser vormodernen Psychologie? Darauf kann man ziemlich knapp erwidern: *Es war die Kenntnis der Seele des Menschen mit dem Ziel, ein besserer Mensch zu werden.* Die Psychologie hatte also ein moralisches, ein – man könnte auch sagen – religiöses, ein spirituelles Motiv.

Ich gebe nur ganz kurz einige Beispiele dieser vormodernen Psychologie: Der Buddhismus hat eine ausgedehnte und höchst komplizierte und differenzierte Psychologie. Aristoteles hat ein Lehrbuch der Psychologie geschrieben, nur hat er es *Ethik* genannt. Die Stoiker haben eine hochinteressante Psychologie entwickelt; manche von Ihnen werden vielleicht Marc Aurels *Meditationen* kennen. Sie finden bei Thomas von Aquin ein System der Psychologie, aus dem Sie wahrscheinlich mehr lernen können als aus den meisten Textbüchern der Psychologie von heute. Es gibt dort die interessantesten und tiefsten Diskussionen und Prüfungen von Begriffen wie: Narzißmus, Stolz, Demut, Bescheidenheit, Minderwertigkeitsgefühle und vieles mehr. Ähnlich ist es bei Spinoza, der eine Psychologie geschrieben und sie – wie Aristoteles – *Ethik* genannt hat. Spinoza ist wohl der erste große Psychologe, der ganz klar das Unbewußte erkannt hat, indem er sagte: Wir sind uns alle unserer Wünsche bewußt, wir sind uns aber nicht der Motive unserer Wünsche bewußt. Und das ist in der Tat, wie wir nachher noch sehen werden, die Grundlage der viel später kommenden Freudschen Tiefenpsychologie.

In der Moderne kommt dann eine ganz andere Psychologie auf, die im großen und ganzen nicht so sehr viel älter als 100 Jahre ist. Deren Ziel ist ein anderes: Man will die Seele kennen, nicht um ein *besserer*, sondern – sagen wir es einmal ganz roh und grob – um ein *erfolgreicherer* Mensch zu werden. Man will sich kennen, man will andere kennen, um größere Vorteile im Leben zu haben, um andere zu manipulieren, um sich selbst so zu gestalten, wie es am günstigsten ist, wenn man vorankommen will.

Diesen Unterschied zwischen den Aufgaben der vormodernen und der modernen Psychologie versteht man nur ganz, wenn man sieht, wie sehr sich die Kultur und die Ziele der Gesellschaft geändert haben. Gewiß waren im klassischen Griechenland oder im Mittelalter die Menschen im allgemeinen auch nicht so sehr viel besser, als wir es heute sind, vielleicht waren sie sogar schlechter in ihrem täglichen Verhalten; aber ihr Leben war doch beherrscht von einer Idee. Diese lautete: Das Leben ist nicht lebenswert, nur um sich sein Brot zu verdienen, das Leben muß auch einen Sinn haben, das Leben muß der Entfaltung des Menschen dienen. In diesem Zusammenhang steht die Psychologie.

Der moderne Mensch sieht es anders. Er ist nicht so sehr daran interessiert, mehr zu *sein*, als daran, mehr zu *haben*: eine größere Position, mehr Geld, mehr Macht, mehr Ansehen. Und wir wissen heute schon – und das spricht sich immer mehr herum, man sieht es vielleicht am deutlichsten in dem ökonomisch fortgeschrittensten und reichsten Land der Welt, in den Vereinigten Staaten –, daß allmählich immer mehr Menschen anfangen zu zweifeln, ob diese Ziele sie wirklich glücklich machen. Aber das gehört nicht hierher. Die Tatsache bleibt, daß diese zwei Ziele auch der Psychologie zwei verschiedene Richtungen geben. Über diese moderne Psychologie will ich jetzt einiges ausführen, um Ihnen zu zeigen, was man sich darunter vorzustellen hat. Die moderne Psychologie hat ganz bescheiden angefangen. Sie hat sich dafür interessiert, das Gedächtnis zu studieren, akustische und visuelle Erscheinungen, Gedankenassoziationen, und sie hat sich für die Psychologie der Tiere interessiert. Der Name von Wundt ist der vielleicht bezeichnendste und wichtigste bei diesem Start der modernen Psychologie. Diese Psychologen schrieben nicht für das breite Publikum, sie waren nicht besonders bekannt, sie schrieben für Fachgenossen, und nur wenige »Laien« interessierten sich für ihre Arbeiten und Veröffentlichungen.

Das wurde aber völlig anders, als die Psychologie anfing, populär zu werden, indem sie sich einer *Grundfrage* zuwandte: der Frage nach den Motiven des menschlichen Verhaltens. Das blieb das Thema der Psychologie in den letzten 50 Jahren. Die Frage geht natürlich jeden an; denn jeder möchte ja wissen: Was motiviert mich eigentlich, warum bin ich so und nicht anders motiviert? Und wenn die Psychologie ihm verspricht, darüber etwas auszusagen, dann allerdings ist das für ihn von großem Wert. So wurde diese Motivationspsychologie vielleicht die populärste Wissenschaft unter allen, und besonders in den letzten Jahrzehnten hat sie an Popularität nichts verloren, sondern eher gewonnen.

Diese populäre Psychologie hat zwei Hauptschulen: die Instinkttheorie und die Verhaltenspsychologie oder Verhaltenstheorie (*behaviorism*). Lassen Sie mich zunächst ein paar Worte über die Instinkttheorie sagen. Sie verdankt ihren Ursprung einem der größten Denker des 19. Jahrhunderts, Charles Darwin. Schon er hat sich mit den Instinkten als menschlichen Motivationen beschäftigt. Gestützt auf ihn, hat man dann nach und nach eine Theorie aufgebaut, die, kurz gesagt, betont, daß jede Handlung ein Motiv hat und daß jedes Motiv ein selbständiger Instinkt ist, der den Menschen eingeboren ist – eingeboren genauso, wie ein Instinkt dem Tier eingeboren ist. Wenn Sie aggressiv sind, dann ist die Ursache Ihr Aggressionsinstinkt; wenn Sie unterwürfig sind, Ihr Unterwürfigkeitsinstinkt; wenn Sie Lust auf Besitz haben und habgierig sind, der Besitzinstinkt; wenn Sie eifersüchtig sind, dann der Eifersuchtsinstinkt; wenn Sie gerne kooperieren, dann der Kooperationsinstinkt; wenn Sie leicht davonlaufen, dann der Fluchtinstinkt usw. Und tatsächlich haben die Instinkttheoretiker, wenn man sie alle zusammennimmt, ungefähr 200 verschiedene Instinkte genannt, die (wie auf einem Klavier jede Taste, wenn man sie anschlägt) ein ganz bestimmtes menschliches Verhalten motivieren.
Die Hauptvertreter dieser Instinkttheorie waren zwei Amerikaner, William James und William McDougall. Nun könnte es Ihnen aus der Beschreibung, die ich Ihnen gebe, vielleicht so vorkommen, daß das eine sehr vereinfachte und eigentlich naive Theorie ist. Das ist keineswegs so. Auf der Grundlage, die Darwin einmal gegeben hatte, haben diese beiden Männer und noch andere, die sehr bedeutende und scharfsinnige Denker waren, ein außerordentlich interessantes Gebäude aufge-

baut – nur, daß dieses Gebäude, meiner Meinung nach, nicht richtig konstruiert ist. Es ist eigentlich kein Gebäude, sondern nur eine Vorstellung, die in der Wirklichkeit gar nicht zum Ausdruck kommt. Die letzte große Instinkttheorie, die sehr populär geworden ist, ist die von Konrad Lorenz, der die menschliche Aggression zurückgeführt hat auf einen mehr oder weniger eingeborenen Instinkt zur Aggression.

Die Unzulänglichkeit dieser Theorien liegt in ihrer Neigung zur Vereinfachung. Es ist eben sehr einfach, wenn man für jede einzelne Handlung theoretisch einen Instinkt postuliert. Damit erklärt man ja eigentlich gar nichts; man sagt nur: Die Handlung hat ein Motiv, und jede einzelne Handlung hat ein verschiedenes Motiv, und diese Motive sind angeboren. Für die meisten dieser sogenannten Instinkte konnte man das nicht beweisen. Es gibt einige wenige – wie zum Beispiel die defensive Aggression oder die Flucht, bis zu einem gewissen Grade auch die Sexualität, obwohl man da schon viel weniger sicher sein kann –, in denen es quasi-instinktive Anteile gibt. Aber auch hier besteht die Tatsache, daß das Lernen, der kulturelle und gesellschaftliche Einfluß selbst diese eingeborenen Triebe außerordentlich modifizieren können – so sehr, daß sie bei Menschen und Tieren, die diesen Modifizierungen unterworfen sind, fast verschwinden, oder, auf der andern Seite, ungeheuer verstärkt werden.

Die andere Schwierigkeit dieser Theorie war eben, daß man gewisse Instinkte bei manchen Menschen und manchen Kulturen sehr stark, in anderen jedoch ganz wenig entwickelt findet. Es gibt zum Beispiel primitive Stämme, die außerordentlich aggressiv sind; es gibt jedoch andere, die fast überhaupt keine Aggressivität haben. Man beobachtet das ja auch an einzelnen Menschen: Wenn heute jemand zum Psychiater kommt und sagt: »Doktor, ich bin so wütend, ich möchte alle umbringen, meine Frau, meine Kinder, mich selber ...«, dann sagt der Doktor nicht: »Ja, da ist also der Aggressivitätsinstinkt bei diesem Mann so stark.« Vielmehr macht er eine Diagnose und stellt fest: »Dieser Mann muß krank sein; denn diese Aggressivität, die er ausdrückt, dieser Haß, der in ihm aufgestaut ist, ist eine Krankheitserscheinung.« Wäre das ein Instinkt, dann wäre es ja eine natürliche Erscheinung und nicht das Anzeichen einer Krankheit.

Wir finden fernerhin – und das ist sehr wichtig –, daß gerade die primitivsten Menschen, die Jäger und Sammler, die also am Beginn aller Zivilisation stehen, die am wenigsten aggressiven Menschen waren. Wenn die Aggressivität angeboren wäre, dann müßten die Jäger und Sammler sie am deutlichsten zeigen. Während man umgekehrt nachweisen kann, daß mit dem Wachstum der Zivilisation – etwa vom Jahre 4000 vor Christus an –, mit dem Aufbau von großen Städten, Königreichen, Hierarchien, Armeen, mit der Erfindung des Krieges, mit der Erfindung der Sklaverei – und ich sage absichtlich »Erfindung«, denn das alles sind nicht naturgegebene Phänomene –, daß damit auch der Sadismus, die Aggressivität, die Lust zum Unterwerfen und zum Zerstören in einem ungeheuren Maß größer geworden sind, als es unter den primitiven, vorgeschichtlichen Menschen der Fall war.

Diese Schwierigkeiten haben nun die entgegengesetzte Schule, die *Verhaltenstheorie*, bestimmt, das genaue Gegenteil zu behaupten, nämlich daß überhaupt nichts angeboren sei, daß alles nur die Folge von sozialen Umständen sei und von sehr geschickter Manipulierung von Menschen entweder durch die

Gesellschaft oder auch in der Familie. Der wichtigste und berühmteste Vertreter dieser Schule heute ist Professor Skinner in Amerika, der in seinem Buch *Jenseits von Freiheit und Würde* sinngemäß sagt: »Begriffe wie Freiheit oder Würde sind reine Fiktionen, sie existieren überhaupt nicht, sondern sind nur produziert durch die Beeinflussung der Menschen, so daß sie durch diesen Einfluß die Idee haben, sie möchten frei sein. Aber in der Natur des Menschen liegt weder ein Wunsch nach Freiheit noch das Gefühl der menschlichen Würde.« Ein einfaches Beispiel für diese Theorie: Der kleine Hans will keinen Spinat essen. Wenn die Mutter ihn dafür bestraft – das wissen wohl viele Eltern –, dann hat das keinen großen Erfolg. Skinner sagt: Das ist auch die falsche Methode. Man redet gar nicht viel vom Spinat, sondern der Spinat wird einmal zum Mittagessen gebracht. Und wenn der kleine Hans ein bißchen ißt, dann guckt ihn die Mutter freundlich an und verspricht ihm ein Stück Torte extra. Das nächste Mal kommt der Spinat wieder auf den Tisch, und der kleine Hans ist schon geneigter, ihn zu essen. Da lächelt die Mutter ihn ebenso freundlich an und gibt ihm diesmal ein Stück Schokolade. Bis der kleine Hans konditioniert ist, das heißt, bis er gelernt hat: Wenn er den Spinat ißt, dann bekommt er eine Belohnung. Wer will denn keine Belohnung haben? Und nach einiger Zeit ißt er den Spinat mit Vergnügen, lieber als alles andere Gemüse. Nun, so kann sich das abspielen. Skinner hat viel Arbeit darauf verwendet, zu zeigen, wie man das am geschicktesten anstellt. Man wiederholt diese Belohnung nicht immer wieder, sondern man läßt sie einmal aus, dann führt man sie wieder ein. Und viele geistreiche Untersuchungen und Experimente sind gemacht worden, um zu testen, wie man die Menschen am be-

sten verführt, wie man sie durch Belohnungen dazu bringt, das zu tun, was der will, der ihn belohnt.
Warum der andere das will, das interessiert Skinner gar nicht, denn er sagt: Werte, die irgendeine objektive Bedeutung haben, gibt es nicht.
Das ist ganz verständlich, wenn man an die Situation des Psychologen im Labor denkt. Ob die Mäuse oder die Kaninchen essen oder nicht essen, das ist durchaus uninteressant – interessant ist nur, daß man sie mit diesen Mitteln dazu bringen kann, zu essen oder nicht zu essen. Und da diese Verhaltenspsychologen den Menschen auch – und sich selber sogar – als Versuchskaninchen erleben, so ist ihnen eben nicht die Frage wichtig, wozu und warum man dazu konditionieren soll, sondern nur die Tatsache, daß man's kann, und die Überlegung, wie man's am besten kann. Der Behaviorismus trennt das *Verhalten* des Menschen vom *Menschen.* Er untersucht nicht den sich verhaltenden Menschen, sondern er untersucht nur das Produkt; das Produkt ist Verhalten. Was hinter dem Verhalten steht, nämlich der Mensch, davon sagt man ausdrücklich: Das ist ganz unerheblich, das ist Philosophie, das ist Spekulation. Uns interessiert nur, was der Mensch *macht.* Er untersucht auch nicht die Frage, warum denn eigentlich so erstaunlich viele Menschen nicht so reagieren, wie sie reagieren sollten, wenn die Theorie richtig wäre. Er fühlt sich gar nicht gestört durch den Sachverhalt, daß viele Menschen rebellieren, sich nicht anpassen, nicht auf die Bestechungen feinerer Art reagieren, die im Grunde genommen diese ganze Theorie ja darstellt, sondern genau das Gegenteil praktizieren. Diese Theorie geht davon aus, daß die meisten Menschen sich lieber bestechen lassen, als sie selbst zu sein und das zu verwirkli-

chen, was aus ihrem eigenen Wesen und aus ihrer eigenen Anlage erfolgen würde.

Die Instinkttheorie und die behavioristische Theorie haben etwas gemeinsam, trotz der großen Gegensätze: Für beide ist der Mensch nicht und in keiner Weise der Gestalter seines Lebens! Der Mensch der Instinkttheorie wird getrieben von der Vergangenheit der menschlichen und tierischen Rasse; der Mensch des Behaviorismus wird getrieben von gesellschaftlichen Arrangements, von gesellschaftlichen Bedingungen, die gerade wirksam sind; er wird von den opportunistischen Verführungskünsten seiner Gesellschaft bedingt, genauso wie der andere Mensch von der Vergangenheit seiner Rasse bedingt ist. Aber keiner von beiden oder kein Modell vom Menschen in diesen beiden Theorien wird bestimmt von dem, was er will, was er ist, was seinem Wesen entspricht.

Diese zwei großen Richtungen repräsentieren die Mehrzahl dessen, was man heute »moderne Psychologie« nennen kann. Man muß sagen, daß die behavioristische Psychologie heute den Sieg davongetragen hat. Die meisten Psychologie-Professoren an den amerikanischen Universitäten sind Behavioristen, und die Sowjet-Psychologie ist ihnen nahe verwandt – aus einsichtigen gesellschaftlichen Gründen, denen ich hier nicht weiter nachgehen kann.

Neben den beiden genannten Richtungen steht eine dritte: die Psychoanalyse oder – wie man auch sagen kann – die Tiefenpsychologie, die von Sigmund Freud begründet worden ist. Das Ziel von Freud war, die menschlichen – und speziell die irrationalen – Leidenschaften rational zu verstehen. Er wollte verstehen, was denn die Ursachen, die Bedingungen sind für Haß, für Liebe, für Unterwerfung, für Destruktivität, für Neid, für Eifersucht – für all die Leidenschaften, die die großen Schriftsteller (man denke nur an Shakespeare oder an Balzac oder an Dostojewskij) in ihren Dramen und Romanen so entlarvend behandelt haben. Dieses alles wollte Freud zum Gegenstand wissenschaftlicher Untersuchung machen. Er schuf die Wissenschaft des Irrationalen. Er wollte das Irrationale nicht in künstlerischer, sondern in rationaler Weise erfassen. Deshalb ist es auch verständlich, daß die Freudsche Theorie die Künstler, vornehmlich die surrealistische Schule, viel stärker beeindruckte als die Psychologen und Psychiater, die im Grunde alle diese Ideen für Unsinn hielten. Freuds Forschung entsprach genau der Fragestellung der Künstler: Was sind die menschlichen Leidenschaften, und wie kann man sie verstehen? Die Psychiater wollten ja zumeist nur wissen: Wie kann man den Menschen von solchen Symptomen heilen, die ihm entweder Schmerzen zufügen oder die ihn nicht angepaßt machen an die Erfordernisse der Gesellschaft und seines eigenen Fortkommens?

Freud wollte – und das ist sehr wichtig zu begreifen – nicht bloß wissenschaftlich die Motive des Handelns, namentlich der Leidenschaften, untersuchen, er hatte, genau wie die vormoderne Psychologie und im Gegensatz zu den Hauptzweigen der modernen Psychologie, auch ein moralisches Ziel. Sein Ziel war, daß der Mensch sich verstehen, sein Unbewußtes aufdecken solle, um Unabhängigkeit zu erreichen: Sein Ziel war die Herrschaft der Vernunft, die Zerstörung der Illusionen, damit der Mensch frei und mündig werde. Seine moralischen Ziele waren die der Aufklärung, des Rationalismus. Aber sie stellten ein Ziel dar, das über das hinausging, was die übrige Psychologie unter Psychologie verstand oder sich setzte. Sie setzte sich ja gar kein Ziel außer dem, den Menschen besser funktionieren zu lassen. Das Freudsche Ziel war ein Modell des Menschen, das in vielerlei Weise mit dem der großen Aufklärungsphilosophen übereinstimmt.

Freuds Theorie und die Manier, sie zu formulieren, war allerdings sehr vom Zeitgeist bestimmt – vom Darwinismus, vom Materialismus, vom Instinktivismus. Und so brachte er seine Theorie gelegentlich so zum Ausdruck, als ob er selbst ein Instinktivist wäre. Das hat zu großen Mißverständnissen geführt. Ich will nun im folgenden zunächst einmal zu zeigen versuchen, was ich (und damit vertrete ich natürlich eine persönliche Auffassung, die nicht von der Mehrheit der Psychoanalytiker geteilt wird) als den Kern der Freudschen Entdekkungen ansehe.

Der erste zentrale Begriff ist der des Unbewußten, das heißt der *Verdrängung*. Dieser Grundbegriff wird heute zumeist vergessen. Wenn man an Psychoanalyse denkt, dann denkt man an Ich, Über-Ich und Es, an den Ödipuskomplex und an die Libidotheorie. Das sind gerade die Themen, die Freud aus seiner Grunddefinition der Psychoanalyse herausgelassen hat.

Zunächst also das Verdrängte. Häufig sind wir von Motiven

bestimmt, derer wir uns gänzlich unbewußt sind. Lassen Sie mich mit einem kleinen, banalen Beispiel beginnen. Vor einiger Zeit besuchte mich ein Kollege, und ich wußte, daß er mich nicht besonders mochte. Ich war sogar ein wenig erstaunt, daß er zu mir kommen wollte. Er klingelt, ich öffne die Tür, er reicht mir die Hand und sagt fröhlich: »Auf Wiedersehen!« Das heißt doch: Unbewußt wollte er schon wieder gegangen sein. Er hatte diesem Besuch nicht mit Freude entgegengesehen, und das kam zur Sprache, indem er »Auf Wiedersehen« sagte statt »Guten Tag«. Was konnte man da sagen? Gar nichts. Da er selbst Psychoanalytiker war, wußte er genau, daß und wie er sich enthüllt hatte. Und er konnte sich nicht entschuldigen: »Das habe ich nicht gemeint!« Das wäre nur naiv gewesen, da wir beide wußten, daß es nicht darauf ankam, die Fehlleistung nachträglich umzuinterpretieren, sondern sie zu durchschauen. So war die Situation nur peinlich, und wir schwiegen. Aber das ist ein Beispiel, wie es hundertmal passiert, und Freud hat auf vielen solchen Beispielen seine Lehren aufgebaut.

Oder nehmen Sie ein anderes Beispiel: einen sadistischen Vater, der seinen Sohn prügelt. Das gibt's heutzutage seltener, denke ich, als vor 50 Jahren. Ein sadistischer Vater, ein Mann also, der ein Vergnügen daran hat, anderen Schmerzen zuzufügen oder seine strenge Kontrolle über sie auszuüben. Wenn Sie dabei fragen, warum er sich so verhält (und gewöhnlich brauchen Sie ihn das gar nicht zu fragen, er sagt das immer gern von selbst), so antwortet er: »Ich muß das tun, damit mein Sohn ein anständiger Mensch wird oder bleibt; ich tue das aus Liebe zu ihm.« Glauben Sie ihm das? Vielleicht, vielleicht auch nicht. Aber sehen Sie sich einmal sein Gesicht an!

Sehen Sie sich einmal an, wie er aussieht, wenn er prügelt – die Augen, die einen leidenschaftlichen Zug annehmen. Sie erkennen in Wirklichkeit in diesem Gesicht einen Mann, der voller Haß ist und zugleich voller Freude, prügeln zu können. Sie finden dies bei Polizisten (nicht bei allen natürlich) oder bei Krankenschwestern oder bei Gefängniswärtern oder in vielen anderen privaten Situationen. Es wird mehr oder weniger verhüllt, je nachdem der Mensch es aus Selbstinteresse geheimhalten muß. Aber bleiben wir beim Beispiel dieses Vaters. Wenn man ihn sieht, weiß man: Sein Motiv ist nicht das, das er vorgibt. Er hat eben nicht das Heil seines Kindes im Sinn – das ist eine »Rationalisierung«; sein Motiv ist sein sadistischer Trieb; aber davon weiß er gar nichts.

Oder nehmen Sie ein Beispiel von größerer geschichtlicher Bedeutung: Adolf Hitler. Hitler hat bewußt immer nur angenommen, daß er das Beste für Deutschland will: Deutschlands Größe, Deutschlands Gesundheit, Deutschlands Weltbedeutung, und was nicht alles. Obwohl er die grausamsten Befehle gegeben hat, hat er nie deutlich – soweit wir das erkennen können – gefühlt, daß er aus Grausamkeit handelte. Er hat immer gefühlt: Er handelt aus dem Wunsch, Deutschland zu helfen; er handelt, um die geschichtlichen Gesetze zu verwirklichen, im Namen des Schicksals, im Namen der Rasse, im Namen der Vorsehung. Aber er war sich nicht bewußt, daß er ein Mensch war, der Lust hat an der Zerstörung. Er konnte keine gefallenen Soldaten, keine zerstörten Häuser sehen; deshalb ging er im Zweiten Weltkrieg nie an die Front. Nicht aus persönlicher Feigheit; vielmehr konnte er es nicht ertragen, die konkreten Folgen seiner eigenen Zerstörungslust wahrzunehmen. Das ist ganz ähnlich wie bei Menschen mit einem Waschzwang. Bewußt wollen sie immer rein sein. Wenn man aber solche Menschen analysiert, dann findet man, daß sie unbewußt wissen: Sie haben Blut oder Schmutz an den Händen und wollen sich von dem befreien, was unbewußt in ihnen gegenwärtig ist: ein Verbrechen, ein latentes vielleicht, eine verbrecherische Absicht, die sie ständig wegwaschen müssen. Hitler selbst hatte etwas davon. Er hatte zwar keinen Waschzwang; aber viele Beobachter haben festgestellt, daß er überreinlich war, über das normale Maß des sauberen Menschen hinaus. Aber ich habe nur die Parallele gezogen: Hitler wollte die Realität seiner eigenen Zerstörungslust nicht sehen, sondern hat sie verdrängt und nur seine guten Absichten erlebt. Das allerdings war nur bis zu einem gewissen Punkt möglich. Als es schließlich soweit war, daß er wußte, Deutschland oder – besser gesagt – er selber hatte den Krieg verloren, hörte die Verdrängung seiner Zerstörungslust auf. Plötzlich wollte er ganz Deutschland, das deutsche Volk vernichten. Er sagte sich: »Dieses Volk ist nicht wert, weiterzuleben, weil es den Krieg nicht gewinnen konnte.« Und so kam am Ende die reine Zerstörungslust dieses Mannes zum vollen Ausdruck. In Wirklichkeit war sie immer vorhanden, war immer in seinem Charakter, war nur verdrängt und rationalisiert, bis die Verheimlichung eines Tages nicht mehr gelingen konnte. Und selbst dann hat er sich noch um eine Rationalisierung bemüht: »Die Deutschen müssen sterben, weil sie nicht verdienen weiterzuleben.«

Solche Beispiele – dramatische und undramatische – findet man überall, jeden Tag: Menschen werden sich ihrer wirklichen Motive nicht bewußt, weil sie die Einsicht, die Erkenntnis aus vielen Gründen nicht ertragen können, von sich etwas zu wissen, was entweder ihrem Gewissen oder der öffentlichen Meinung so widerspricht, daß sie in eine für sie selbst sehr unangenehme Lage gerieten, wenn sie dessen, was sie eigentlich treibt, inne würden. So ziehen sie es vor, sich dessen nicht bewußt zu sein und also nicht in Konflikt zu kommen mit einem Teil ihrer selbst, mit ihrem »besseren Selbst« oder auch mit dem, was die meisten »anständigen Menschen« denken.

Nun zeigt sich aber eine sehr interessante Folge der Verdrängung. Wenn man Menschen andeutet, was die wirklichen Motive des Handelns sind, dann reagieren sie mit dem (und damit komme ich zu dem zweiten Punkt), was Freud *Widerstand* genannt hat: Sie wehren sich gegen die Information. Sogar die aus gutem Willen und in ihrem Interesse ihnen angebotene Information weisen sie aufs heftigste von sich. Sie wollen die Realität in sich nicht wahrhaben. Sie verhalten sich dieser Information gegenüber nicht etwa wie ein Autofahrer, dem ein anderer sagt, daß seine Tür nicht geschlossen ist oder daß seine Lichter nicht funktionieren: Dieser nimmt ja den Hinweis dankbar zur Kenntnis. Ganz anders die Menschen, die man auf Verdrängtes aufmerksam macht. Sie reagieren mit Widerstand. In allen vorgenannten Fällen von Verdrängung kann man erwarten, daß die Menschen Widerstand produzieren, wenn man sie darüber aufklärt, was eigentlich in ihnen passiert, das heißt, was die Realität, ihre innere Realität ist, statt der Fiktion, die sie sich aufbauen.

Wie benehmen sich nun die Menschen im Widerstand? Eine ganz typische Reaktion ist Ärger, Wut, Aggression. Wenn die Menschen hören, was sie nicht hören wollen, werden sie wütend; sie wollen sozusagen den Zeugen der Tat entfernen. Sie können ihn nicht gut umbringen – das wäre zu riskant –, so entfernen sie ihn gewissermaßen in symbolischer Weise. Sie werden zornig und sagen: »Du handelst nur aus Neid, aus schlechten Motiven. Du haßt mich. Du hast Freude daran, mir etwas Übles nachzusagen« usw. Manchmal werden sie so wütend, daß sie sogar gefährlich sein können. Wieweit sie ihre Wut zeigen, hängt wiederum von den Umständen ab. Wenn es heikel ist, seiner Wut freien Lauf zu lassen (beispielsweise ein Untergebener seinem Vorgesetzten gegenüber), dann sagt man lieber gar nichts; man geht nach Hause und läßt den Unmut etwa an seiner Frau aus. Wenn es aber nicht heikel ist, wenn man nämlich selbst der Vorgesetzte ist, dann kann man auf die Kritik eines Untergebenen (und es handelt sich hier bei dieser Kritik ja nur um einen Hinweis auf etwas, was wahr ist) höchst souverän reagieren, beispielsweise so, daß man den Untergebenen seine Unterlegenheit spüren läßt oder – ihn einfach entläßt. Und natürlich entläßt man ihn nicht in dem Bewußtsein, daß dieser Mann einen verletzt hat – wie könnte denn dieser kleine Mann einen verletzen –, sondern mit der Begründung, daß dieser kleine Mann eben ein Verleumder, ein gemeiner Kerl ist.

Eine andere, einfachere Weise des Widerstandes ist das Überhören. Besonders wenn der Hinweis nicht sehr massiv ist, wenn er ohne große Betonung vorgebracht wird, kann man häufig finden, daß der andere ihn mißversteht oder gar nicht hört. Das ist natürlich nicht immer möglich; aber es ist die simpelste und eine weit verbreitete Form des Widerstandes.

Eine andere Form ist, daß man müde oder deprimiert wird. Viele Eheleute kennen das voneinander. Wenn sie irgend etwas sagen, was ein wahres Motiv an dem Handeln des anderen zum Vorschein bringt, dann wird der Betroffene betrübt und resigniert, häufig so, daß er dann seinerseits anklagt und den Vorwurf erhebt – schweigend oder ausdrücklich: »Du siehst ja, was du angerichtet hast. Jetzt bin ich wieder depressiv, weil du diese Bemerkung gemacht hast.« Ob die Bemerkung wahr oder unwahr ist, spielt gar keine Rolle. Wer aber die Bemerkung gemacht hat, wird sich nach einiger Zeit hüten, noch einmal auf ein unbewußtes Motiv hinzudeuten; er weiß, daß er teuer zu bezahlen hat.

Eine weitere Form des Widerstandes besteht darin, daß man davonläuft. Das geschieht manchmal in der Ehe, weil man erlebt, daß der Partner entdeckt hat, was man verhüllen will. Womöglich war man sich des Versteckspiels gar nicht bewußt, aber der eine spürt, daß der andere mehr sah als man selbst. Und das kann man nicht ertragen; man will es nicht zur Kenntnis nehmen, weil man sich nicht ändern will. Man will so sein, wie man ist, also muß man weggehen. Dasselbe beobachtet man häufig auch in der Psychoanalyse. Patienten brechen nicht selten, wenn der Analytiker etwas sagt, was sie nicht hören wollen, die Behandlung ab, und natürlich heißt es dann: »Ich habe nun Schluß gemacht, weil der Analytiker selbst verrückt ist. Der hat Sachen über mich gesagt, die beweisen, daß er wahnsinnig ist; wie könnte er sonst so etwas behaupten . . .!« Jeder andere würde wissen, daß der Analytiker ganz recht hatte; jener aber, der davon berührt ist und der furchtbare Angst davor hat, sich zu ändern, kann nur mit Gewalt (und es sind ja alles Formen der Gewalt, von denen hier die Rede ist) reagieren: »Ich will dich nicht sehen. Ich will das nicht wieder hören.«

Das ist alles anders, wenn ein Mensch bereit ist, sich zu ändern. Wenn ein Mensch sich wirklich verstehen, wenn er wirklich die Wahrheit über sich wissen will, um sich ändern zu können, dann reagiert er im großen und ganzen nicht mit Ärger, nicht mit Fortlaufen usw., sondern er ist im Grunde dankbar, daß man ihm etwas sagt, was für seine Entwicklung notwendig ist – so dankbar, wie er dem Arzt wäre, wenn er eine Krankheit diagnostiziert, die es zu heilen gilt. Aber die meisten Menschen sind nicht darauf bedacht, sich zu ändern. Sie wollen sich nur beweisen, daß sie sich nicht zu ändern brauchen. Ändern sollen sich die anderen.

Im Grunde genommen kann man wohl ohne Übertreibung feststellen, daß ein großer Teil unserer Energie darauf verwendet wird, zu verdrängen und dann Widerstand zu leisten, wenn das Verdrängte berührt wird. Das ist natürlich eine ungeheure Verschwendung an Kraft, die viele Menschen daran hindert, ihre Vorräte und Fähigkeiten für fruchtbarere Zwecke zu verwenden.

Jetzt komme ich zum dritten Freudschen Begriff: zu dem der *Übertragung*. Im engeren Sinn hat Freud damit gemeint, daß der Patient den Analytiker als eine Person der frühen Kindheit erlebt, also als den Vater oder die Mutter, und daß seine Reaktion gegenüber dem Analytiker im Grunde genommen gar nicht dem Menschen entspricht, der ihm real gegenüber oder der hinter ihm sitzt, sondern daß er in ihm einen anderen (eben den Vater oder die Mutter oder einen Großvater) erlebt, wie er für ihn als Kind eine Bedeutung gehabt hat. Ich will nur ein kleines Beispiel erzählen, das das recht drastisch zeigt. Ein Analytiker erzählte mir einmal von einer Patientin, die ihn schon drei Wochen lang gesehen hatte. Nach dieser Zeit schaute sie ihn, gerade als sie aus dem Zimmer gehen wollte, genau an und sagte: »Was? Sie haben ja gar keinen Bart?« Der

Analytiker hatte nie einen Bart getragen. Sie hat für drei Wochen geglaubt, daß er einen Bart habe, weil ihr Vater einen Bart hatte. Der Analytiker war ein X, sie hat ihn nicht einmal visuell als realen Menschen wahrgenommen, sondern er war der Vater und hatte deshalb einen Bart.

Aber der Begriff der Übertragung hat eine Bedeutung, die weit über das hinausgeht, was man in der psychoanalytischen Therapie beobachten kann. Ganz allgemein gesehen ist vielleicht die Übertragung eine der wichtigsten Ursachen für menschliche *Irrtümer und Konflikte* in der Einschätzung der Wirklichkeit. In der Übertragung sehen wir die Welt durch die Brille unserer Wünsche und Ängste und verwechseln Illusion mit Realität. Wir sehen andere Menschen nicht so, wie sie wirklich sind, sondern wie wir uns wünschen oder wie wir fürchten, daß sie seien. Diese Illusion vom anderen Menschen nimmt den Platz seiner Realität ein. Wir erkennen ihn nicht, wie er ist, sondern nur, wie er uns erscheint, und wir verhalten uns zu ihm nicht wie zu einem realen, eigenständigen Menschen, sondern wie zu einem Produkt unserer Phantasie.

Ich will nur ein paar Beispiele zur Erläuterung anbieten. Man stelle sich vor, zwei Menschen verlieben sich. Das kommt ja jetzt weniger vor als früher, weil es für alles einfachere Methoden gibt – aber darüber will ich nicht reden. Nehmen wir also an, es ereignet sich, daß Menschen sich wirklich verlieben. Sie sind dann ganz erfüllt von der Schönheit, den Tugenden, den guten Eigenschaften des andern und fühlen sich mächtig angezogen. Manchmal führt das zur Heirat, und dann, nach einem halben Jahr, entdeckt man: Das ist ja gar nicht der Mensch, in den man sich verliebt hatte; das ist ein ganz anderer Mensch. Man hatte sich verliebt in ein Phantom, in einen

Gegenstand der Übertragung, weil man in diesem anderen Menschen nur das gesehen hatte, was man sehen wollte, vielleicht mütterliche, vielleicht väterliche Züge, vielleicht Güte, Gescheitheit, Ehrlichkeit. Und man hat nicht bemerkt, daß das eine Illusion ist. Man haßt dann häufig den anderen Menschen, weil man glaubt, daß er einen *ent*täuscht habe; in Wirklichkeit hat man sich selber *ge*täuscht, weil man nicht die Realität, sondern die Illusion im Blick hatte. Aber das muß nicht so sein, das sollte nicht so sein. Und es würde nicht so sein, wenn die Menschen lernen würden, die Übertragung zu verstehen.

Das gleiche gilt auch für den Bereich der Politik. Man halte sich einmal die Begeisterung, den Enthusiasmus vor Augen, den Millionen von Menschen für *Führer* haben (das hat es nicht nur in Deutschland, sondern auch in anderen Ländern gegeben). Manchmal waren die Führer schlecht, manchmal waren sie auch gut. (Doch das ist nicht die entscheidende Frage, obwohl diese Frage sehr wichtig ist.) Viel erheblicher ist die Tatsache, daß man sehen kann, daß die meisten Menschen – und wir können sogar sagen: Gott sei Dank, obwohl dieser Zug, von dem ich spreche, höchst gefährlich ist – eine tiefe Sehnsucht haben nach einem, der da kommt und heilt, nach einem, der die Wahrheit spricht, nach einem, der Sicherheit bietet, nach einem, der führt, nach einem, der es gut meint. Und wenn einer kommt, der es versteht, sich als dieser, der es gut meint, aufzuspielen, dann übertragen sie ihre Erwartung auf ihn und glauben, daß er der Retter, der Heiland, der Erlöser ist – selbst wenn er in Wirklichkeit ein Zerstörer ist, der sie und ihr Land ins Unglück bringt. Diese großen Erwartungen werden oft auch von kleinen Führern genutzt. Viele Politiker, die einen Eindruck machen, weil sie im Fernsehen schön wirken, weil

sie den Leuten nach dem Munde reden, weil sie kleine Kinder küssen und weil sie die Illusion scheinbar bestätigen, einen Menschen zu finden, der es gut meint, der wenigstens die Kinder gern hat, also nicht alle hassen kann, bedienen sich ganz planmäßig der Übertragungsneigung der Menschen und bauen ihre Erfolge darauf auf.
Alles das würde nicht vorkommen, wenn die Menschen mehr von der Übertragung verständen, wenn sie sich mehr Mühe gäben, zu unterscheiden, wo ihre eigene Erwartung die Dinge prägt, und wo sie sie unvoreingenommen sehen – wenn sie endlich versuchten, *kritisch* zu sein. Manchmal sind unwichtige kleine Handlungen weit aufschlußreicher als das, was die Menschen so betonen und als die großen Reden, die sie halten. Würde man die Übertragung künftig besser durchschauen, so könnten sowohl die Liebe, die Ehe wie auch das politische Leben ganz wesentlich von einer Plage, von einem Fluch befreit werden – von dem Fluch der Verwechslung zwischen fiktivem Bild und Wirklichkeit. Zwischen beiden zu unterscheiden ist nicht einfach. Es erfordert ein Studium, Praxis jeden Tag. Jedermann hat das Labor zu Hause bei sich in seinem täglichen Umgang. Im übrigen bietet das Fernsehen hier einen großen Vorteil – neben den vielen Nachteilen: Es verrät recht genau Eigenschaften des anderen Menschen, weil wir das Gesicht, die Gesten und den Ausdruck so unerbittlich beobachten können; wir können eine Menge erfahren über den politischen »Führer«, wenn er im Fernsehen spricht und wir ihn dort sehen. Aber wir werden eben nur eine Menge erfahren, wenn wir wissen, wie man richtig beobachtet. Mit alledem möchte ich andeuten, daß die Erkenntnis der Übertragung in persönlichen ebenso wie in politischen Beziehungen von ent-

scheidender Wichtigkeit für eine Verbesserung des politischen und persönlichen Lebens der Menschen sein könnte.

3 *Die Weiterentwicklung der Psychoanalyse*

Mir scheint, man kann die diversen Schulen der Psychoanalyse und ihre Entwicklung, auch ihre Zukunft, ziemlich knapp darstellen. Der erste, der die Analyse weiterentwickelt hat, ist *Sigmund Freud* selbst. Er hat von den zwanziger Jahren an seine alte Theorie, die auf dem Konflikt zwischen dem Sexualtrieb und dem Selbsterhaltungstrieb basierte, geändert und eine neue Theorie geschaffen, die aufgebaut ist auf dem Konflikt zwischen zwei biologischen Kräften, der zur Zerstörung und der zur Vereinigung, zur Liebe: dem Lebenstrieb und dem Todestrieb. Ich kann jetzt nicht darauf eingehen, welche Bedeutung diese Entwicklung hat; sie bedeutet aber – obwohl Freud es nicht so sah – eine grundsätzliche Weiterführung, man möchte fast sagen: eine neue Schule der Psychoanalyse, von Freud selbst begründet.

Die zweite bedeutende Entwicklung der Psychoanalyse leitete *Carl Gustav Jung* ein. Jung hat (wie dann auch die meisten andern, die sich von Freud getrennt und abweichende Ideen vorgetragen haben) der These von der zentralen Rolle der Sexualität widersprochen. Er hat die psychische Energie als eine Einheit aufgefaßt, den Namen »Libido« nicht mehr den sexuellen Energien, sondern psychischen Energien im allgemeinen gegeben, und er hat in geistreicher und tiefschürfender Weise versucht, das, was man im Unbewußten des einzelnen Patienten findet, aufzudecken in den Mythen und Symbolen der Völker, bis hin zu den primitivsten und uns völlig verschiedenen Kulturen.

Alfred Adler dagegen war nicht interessiert am Mythos, nicht an den Tiefen; er war an der Strategie des Lebenskampfes interessiert. Deshalb hat er als zentralen Begriff der menschlichen Motivation den Willen zur Macht angesehen. Aber wenn ich das so sage, klingt das viel schlichter, als Adler es gemeint hat. Was er geschrieben hat, ist außerordentlich klug, komplex und hat viel zu unserer Menschenkenntnis beigetragen. Außerdem war er der erste – lange vor Freud –, der der menschlichen Aggression einen entscheidenden Platz in seinem psychologischen System eingeräumt hat.

Dann nenne ich zwei weitere Schulen, die miteinander in vielerlei Weise verbunden sind: zunächst einmal die psychiatrische Schule, die von dem in Amerika lebenden Schweizer Adolf Meyer begründet worden ist, gefolgt von einem der hervorragendsten amerikanischen Psychoanalytiker, *Harry Stack Sullivan,* dessen Erkenntnisse jetzt ihren radikalsten und, ich glaube, fruchtbarsten Ausdruck gefunden haben in den Arbeiten des englischen Psychologen *Ronald D. Laing.* Was diese Forscher trotz aller Differenzen gemeinsam vertreten, ist erstens die Ablehnung der Einschätzung der Sexualität als *der* Triebfeder menschlichen Verhaltens und zweitens die Hinwendung zu den zwischenmenschlichen Beziehungen, zu dem, was zwischen Menschen vor sich geht, wie sie aufeinander wirken und reagieren, wie das Feld beschaffen ist, das entsteht, wenn Menschen zusammenleben. Diese Psychoanalytiker haben sich interessanterweise speziell auf die Schizophrenie konzentriert, die sie im Grunde genommen nicht als Krankheit im konventionellen Sinn betrachten, sondern als eine Auswirkung des persönlichen Erlebens, der zwischenmenschlichen Beziehung verstehen, die zwar ihre drastischen Folgen hat, die aber doch in erster Linie ein psychologisches Problem darstellt – wie alle anderen psychologischen Probleme auch. Laing hat das am weitesten vorangetrieben, weil er imstande war, das Verhältnis der Schizophrenie als einer individuellen »Erkrankung« zur sozialen Situation nicht nur innerhalb der Familie, sondern innerhalb der Gesellschaft am klarsten zu sehen.

Ähnlich ist die Theorie, die von einer Reihe von anderen Psychoanalytikern entwickelt worden ist: Die Theorien Fairbanks, Guntrips, Balints und mein eigenes Werk stehen auf derselben Grundlage, beziehen sich aber nicht in erster Linie auf die Schizophrenien, und weisen besonders auf die sozialen und ethischen Kräfte hin, die in der Bildung der zwischenmenschlichen Beziehungen wirksam sind.

Nachdem wir uns mit den wichtigsten Errungenschaften und der Entwicklung der Psychoanalyse beschäftigt haben, taucht nun eine letzte und wichtige Frage auf: Wie ist es mit der *Zukunft der Psychoanalyse* bestellt? Dazu möchte ich einiges sagen, was mir nicht leichtfällt, weil hier die Meinungen außerordentlich verschieden sind. Man könnte sie zu zwei extremen Meinungen verkürzend zusammenfassen. Die eine Meinung heißt: Die Analyse ist nutzlos, sie hat keine Erfolge, es ist gleichgültig, ob man jemanden analytisch zu heilen versucht oder nicht. Und das andere Extrem: Die Analyse ist eine Kur und Lösung für alle seelischen Probleme, und wenn immer jemand Schwierigkeiten hat, dann muß er sich auf die Couch legen und sich drei, vier Jahre analysieren lassen. Das war bis vor einiger Zeit in Amerika eine ziemlich verbreitete Einstellung,

die indessen gerade in den letzten Jahren durch das Aufkommen anderer Therapien etwas abgeschwächt worden ist.
Ich glaube, daß die Kritik, die der Analyse gar keine Heilwirkung zutraut, unhaltbar ist. Das ist nicht nur meine Erfahrung als Analytiker seit über 40 Jahren, sondern auch die vieler anderer Kollegen. Im übrigen darf man nicht vergessen, daß in vielen Fällen die Analytiker nicht genügend kompetent sind (das kommt in jedem Beruf vor) und daß häufig die Auswahl der Patienten nicht glücklich ist; man versucht, Patienten zu analysieren, für die diese Methode nicht geeignet ist. In Wirklichkeit sind durch die Analyse viele Menschen von Symptomen geheilt worden und viele Menschen haben zum erstenmal gelernt, sich über sich selbst klar zu werden, mit sich selbst ehrlicher und etwas freier zu sein, näher an der Realität zu stehen. Und schon das ist ein außerordentlich wichtiges Resultat, das oft sehr unterschätzt wird.
Natürlich hat die anti-analytische Einstellung gewisse Voraussetzungen, die in der Zeit liegen. Da ist etwa die Meinung: Das einzige, was Menschen hilft, ist Medizin. Wenn man nichts schlucken kann, dann gibt's auch keine Hilfe. In den Pillen liegt das Heil. Oder: Alles muß schnell gehen. Wir haben in Amerika das Buch von Th. A. Harris, das natürlich auch ins Deutsche übersetzt worden ist: *Ich bin o.k. – Du bist o.k.* (1975) – ein ganz oberflächliches Buch, ein dünner Aufguß der Freudschen Theorie, der indessen hilft, wenn die Menschen daran glauben, wie eben jede Suggestion »hilft«. Aber was hier geboten wird, geht schnell, ist einfach, verlangt kein Nachdenken und macht es vor allen Dingen nicht erforderlich, daß man sich mit dem eigenen Widerstand auseinandersetzt. Genau das ist es, was diese Art von Therapie vermeidet: Alles ist einfach,

alles ist leicht, und das ist ja der allgemeine Zug der Zeit. Man glaubt, alles muß glatt geschluckt werden können wie eine Pille. Und was nicht ohne Mühe zu lernen ist, das lernt man besser gar nicht.

Als Beispiel sei die Geschichte eines jungen Mannes erzählt, der in ein elegantes Restaurant geht, sich die Speisenkarte geben läßt, sie lange studiert und dann dem Oberkellner sagt: »Tut mir leid, Sie haben nichts, was mir gefällt«, und weggeht. Nach zwei Wochen kommt er wieder, und der Oberkellner fragt ihn – da es ein sehr vornehmes Restaurant ist, fragt er ihn sehr höflich, warum er denn das letztemal nichts gefunden habe? Da antwortet ihm der Gast: »Ach nein, ich hätte schon etwas gefunden; aber mein Analytiker hat mir gesagt, ich solle Selbstbehauptung praktizieren.« Das ist eine Methode, bei der man lernt, wie man sich seiner selbst versichert, wie man auftreten kann, keine Angst mehr hat vor Oberkellnern usw. Mit dieser Methode kann man vielleicht auch weiterkommen. Nur bleibt dabei völlig unentdeckt, *warum* man denn so unsicher ist. Es bleibt unentdeckt, daß man eben eine Neigung hat – und hier komme ich wieder zur Übertragung –, alle anderen als Autoritäten, als Vaterfiguren anzusehen. Auch wenn man jetzt mit dieser Methode im Restaurant auf Anhieb ein wenig Erfolg hat und selbstsicherer wird, hat man doch die wirklichen Ursachen überhaupt nicht berührt und bleibt hinter der Fassade der selbst-unsichere Mensch. Man ist sogar in einer schlechteren Situation; denn man ist sich gar nicht mehr bewußt, daß man selbst-unsicher ist. Und warum ist man unsicher? Nicht deshalb, weil man nur Angst vor der Autorität hat, sondern man ist unsicher, weil man selbst sich nicht voll entwickelt hat, weil man seinen eigenen Überzeugungen nicht traut, weil man ein kleines Kind geblieben ist, das darauf hofft, daß andere ihm helfen, weil man nicht voll erwachsen ist, weil man an sich selbst zweifelt usw. Das kann man mit den Methoden der Psychotherapie, die man Verhaltenstherapie nennt, nicht ändern; so wird nur der Schmutz unter den Teppich gekehrt.

Aber nicht alle Kritik an der Psychoanalyse ist unberechtigt. Ich möchte einige der Bedenken, die ich für berechtigt halte, hier anführen. Sehr häufig ist die Psychoanalyse ausgeartet in Gerede. Freud hat mit der Idee der freien Assoziation dazu verleitet: Man sagt alles, was einem einfällt. Er nahm an, daß dann die Dinge gesagt würden, die aus der Tiefe kommen, die ganz echt und von Bedeutung sind. Doch in vielen Analysen schwätzen die Leute nur so daher und entladen sich zum hundertsten Mal über ihren Mann oder über die Eltern und was die alles getan haben! Es kommt daher überhaupt nichts dabei heraus, ist immer wieder dasselbe, aber – jemand hört zu. Der Patient hat das Gefühl, damit sei etwas gewonnen und damit würde sich die Lage schließlich ändern. Mit solchem Reden allein ändert sich niemand und nichts. Das ist nicht die Methode, die Freud gemeint hat, nämlich die der Aufdeckung und des Kämpfens mit dem Widerstand. Niemals hat Freud angenommen, daß man ohne Anstrengung etwas erreichen oder gar schwere seelische Probleme lösen könne. Ohne Anstrengung kann man im Leben nichts erreichen, auch wenn die Annoncen es uns versprechen. Wer Anstrengung fürchtet, ja wer Frustration oder sogar Leiden scheut, der wird nie etwas erreichen. Schon gar nicht in der Analyse. Sie ist Schwerarbeit, Analytiker, die darüber hinwegtäuschen, schaden ihrer Sache. Ein anderer Fehler besteht darin, daß man intellektualisiert, statt zu erleben. Man theoretisiert in endlosen Reden darüber, was es bedeutet hat, daß die Großmutter einen einmal geschlagen hat und so fort. Und wenn man sehr akademisch ist, dann entwickelt man entsprechend komplizierte Theorien, konstruiert Theorie über Theorie *aber man erlebt nichts.* Man erlebt nicht, was in einem ist. Man erlebt nicht seine Angst. Man erlebt nicht seine Lieblosigkeit, seine Abgeschlossenheit von anderen Menschen. Das alles ist vom Widerstand geschützt. Und damit folgt man einer auffälligen Zeittendenz, die dahin geht, den *zerebralen Menschen*, den reinen Verstandesmenschen, vorzuziehen. Mit Denken macht man alles, Fühlen ist nur ein unnötiger Ballast, den man möglichst ignoriert.

Und endlich möchte ich sagen: Es gibt zu viele Menschen, die meinen, sie sollten bei den geringsten Schwierigkeiten zu einem Psychoanalytiker laufen. Sie lassen es erst gar nicht auf den Versuch ankommen, selbst mit ihren Schwierigkeiten fertig zu werden. Erst wenn jemand nach ernsthaften Bemühungen seine Situation nicht allein erkennen und verbessern kann, sollte er zum Psychoanalytiker gehen.

Die Analyse bleibt immer noch die beste Therapie für eine Reihe von Störungen. Diese haben mit Ich-Bezogenheit oder – mit einem anderen Wort – mit Narzißmus, was zugleich heißt mit der Unbezogenheit zu anderen Menschen zu tun. Flucht in Illusionen, gestörtes seelisches Wachstum, aber auch Symptome wie Waschzwang und eine ganze Reihe von Symptomen obsessiver und kompulsiver Art kann man eben mit keiner anderen Methode wirklich und fruchtbar heilen als mit der Psychoanalyse.

Eine mindestens ebenso große Bedeutung wie für die Kur oder Heilung von Krankheiten hat die Psychoanalyse in einer ganz

anderen Richtung, nämlich als ein Weg zur Förderung seelischen Wachstums und menschlicher Selbstentfaltung. Ich muß gestehen, daß diesen Wunsch nach seelischer Entfaltung heute nur eine kleine Minderheit hat. Die meisten Menschen haben ein ganz anderes Ziel: mehr zu haben, mehr zu konsumieren. Wenn sie 20 Jahre alt sind, denken sie, sie seien fertig, und von da an richtet sich ihr ganzes Streben darauf, dieses fertige Instrument gut zu benutzen. Würden sie sich menschlich noch verändern, so erschiene ihnen das nur als ein Nachteil; denn wenn man sich verändert, dann paßt man ja nicht in die Schablone, mit der man rechnet, dann weiß man nicht, ob man in zehn Jahren noch dieselbe Meinung hat, wie man sie jetzt hat, und wie es dann mit dem Fortkommen steht. Die meisten Menschen wollen also gar nicht wachsen und wechseln, wollen sich nicht entfalten, sie wollen die erworbenen Möglichkeiten erhalten, auskosten, »kapitalisieren«.
Allerdings kennen wir auch die Ausnahmen, die Gegenbewegung – vor allem in den Vereinigten Staaten. Viele Menschen erkennen heute, daß wir, wenn wir alles haben und alles genießen, trotzdem ganz unerfüllt und unglücklich sind, daß das Leben trotzdem keinen Sinn hat, daß wir deprimiert, daß wir ängstlich sind und uns fragen: »Wozu leben wir denn, wenn alles, was wir tun, nur dazu dient, um den nächstgrößeren Wagen zu kaufen?« Sie sehen, wie unglücklich ihre Eltern oder ihre Großeltern sind, die alles hatten, was sie wollten, und ihr ganzes Leben dafür opfern mußten. Diese Minderheit hat eine alte Weisheit mehr oder weniger klar wiederentdeckt: daß der Mensch nicht vom Brot allein lebt, daß Besitz und Macht noch kein Glück garantieren, sondern eher ängstlich machen und Spannungen schaffen. Diese Menschen wollen sich einem an-

deren Ziel widmen: mehr zu *sein*, statt mehr zu *haben*, vernünftiger zu werden, Illusionen zu verlieren und Zustände abzuschaffen, die der Aufrechterhaltung der Illusionen bedürfen. Diese Sehnsucht zeigt sich häufig in recht naiven Formen, in einer Begeisterung für orientalische Religionen, für Yoga, für Zen-Buddhismus usw. Ich sage »naiv«, nicht weil diese Religionen naiv sind, sondern weil die Menschen in naiver Weise an sie herangehen. Sie lassen sich täuschen durch Reklamemethoden einiger indischer Fakire, die sich als heilige Männer darbieten, und von allen möglichen Gruppen, die dieses oder jenes Heilmittel anpreisen, mit dem sie angeblich menschliche Sensitivität kultivieren. Hier, glaube ich, hat die Analyse einen ganz wesentlichen Platz, nämlich als Praxis, sich selbst zu erkennen, seine eigene Realität wahrzunehmen, von Illusionen frei zu werden, frei auch von dem Getriebensein von Angst, von Habgier, um sich instand zu setzen, die Welt anders zu erleben, nämlich als Gegenstand meines Interesses, meiner Bezogenheit, meiner schöpferischen Kraft, indem ich *mich* als Gegenstand vergesse und mich als den handelnden, fühlenden, nichtentfremdeten Menschen erlebe.

Solches Erleben kann geübt werden. Zu dieser Übung kann die Analyse beitragen, weil sie eine Methode ist, um sich wirklich zu erleben – zu erleben, wer man ist, wo man steht, wohin man geht. Dazu ist es günstig, wenn man eine Analyse bei einem Analytiker macht, der diese Zusammenhänge versteht und der nicht glaubt, daß es Zweck der Analyse sei, den Menschen angepaßter zu machen. Aber eine solche Analyse sollte nicht zu lange dauern; das schafft häufig Abhängigkeiten. Wenn man genügend gelernt hat, um das Werkzeug zu gebrauchen, dann sollte man beginnen, sich selbst zu analysieren. Und das ist eine Aufgabe, die das ganze Leben hindurch dauert, bis zum letzten Tag des Lebens – am besten praktiziert man die eigene Analyse jeden Morgen, verbunden mit Atem- und Konzentrationsübungen, wie man sie zum Beispiel in der buddhistischen Meditation findet. Wesentlich daran ist, sich aus dem Getriebe herauszuhalten, zu sich selbst zu kommen, aufzuhören, ständig Anreizen zu folgen, sich »leer« zu machen, um selbst innerlich aktiv zu werden.

Ich glaube, wer das tut, erfährt eine Vertiefung seiner Erlebnisfähigkeit und »Heilung«, Gesundung – nicht im medizinischen, sondern in einem tiefen menschlichen Sinn. Dazu aber braucht man Geduld, und Geduld ist gewiß unter uns nicht übermäßig verbreitet. Wer es versuchen will, dem wünsche ich viel Glück dabei.

Im Namen des Lebens

Ein Porträt im Gespräch

Schultz: Herr Fromm, wir haben uns eine Unterhaltung vorgenommen, kein Interview, sondern eine Konversation, ein Gespräch ohne Thema, ohne bestimmten Zweck, ohne Vorbereitung übrigens auch – nur so aus Freude am Dialog.
Wenn ich mich frage nach der Rolle, die ich dabei zu spielen habe, so komme ich mir vor wie ein Leser, der einen Autor besucht, dessen Bücher er studiert hat, und der nun gern etwas mehr erfahren möchte, als man schwarz auf weiß nach Hause tragen kann. Meine Aktivität heute abend soll vornehmlich im Zuhören bestehen. Ich möchte Sie, ohne Sie auszufragen, ein wenig zum Reden bringen.
Das alles klingt altmodisch, erinnert fast an Salon, obwohl wir uns in einem Studio befinden. In einem Studio unterhält man sich nicht. Hier wird entweder diskutiert oder man *macht* Unterhaltung, stellt sie her als eine Ware für die Massen, ohne sich zu bekümmern um das Wahre, das das mehr oder minder bewußte Interesse an der Unterhaltung ist, wie wir sie verstehen wollen.
Unterhaltung ist – wie das Wort besagt – eine Haltung, eine Unter-Haltung. Man muß sich klein machen können. Obwohl sie ein Spiel ist, ein Spiel des Geistes, darf man sich in ihr nicht aufspielen wollen.
So – nach dieser kleinen Vorbemerkung möchte ich Sie fragen, lieber Herr Fromm, ob das überhaupt zeitgemäß ist, was wir hier miteinander versuchen. Wer außer einigen wenigen wird wieder aufleben lassen wollen, was doch offenbar auszusterben im Begriff ist und nun bestenfalls wie eine Antiquität be-

trachtet wird? Denken Sie an die Kultur des Briefeschreibens, sie geht stillschweigend unter. Ist die Kultur der Unterhaltung noch zu retten? Ich fürchte nein, und ich finde das – gelinde gesagt – schade.

Fromm: Ich finde es sogar außerordentlich schade, und um so mehr, als es ja nur ein Symptom eines Defektes unserer Kultur ist, der nicht nur schade, sondern tödlich sein kann. Vielleicht könnte ich es einmal so ausdrücken: Mehr und mehr tun wir nur das, was einen Zweck hat, wobei etwas herauskommt. Und am Ende, ja, was ist das? Das ist also Geld oder Ruhm oder Beförderung; aber der Mensch denkt kaum mehr daran, etwas zu tun, was gar keinen Zweck hat; er hat vergessen, daß das möglich, sogar wünschenswert und vor allen Dingen schön ist. Das Schönste im Leben ist, seine eigenen Kräfte zu äußern, und zwar nicht für einen Zweck, sondern um des Aktes selber willen. Ja, die Liebe, die hat auch keinen Zweck, obwohl viele Leute sagen: natürlich hat die einen Zweck! Sie hat den Zweck, entweder zur sexuellen Befriedigung oder zur Heirat zu führen, Kinder zu haben und ein bürgerlich-normales Leben aufzubauen. Das sind die Zwecke der Liebe. Deshalb ist Liebe auch heute sehr selten – die Liebe ohne Zweck, die Liebe, in der alles, was wichtig ist, der Akt des Liebens selbst ist, wo also das Sein und nicht das Konsumieren die entscheidende Rolle spielt: der Selbstausdruck des Menschen, die Mitteilung seiner eigenen Fähigkeiten. Aber eine so verstandene Liebe geht mit einer bloß auf äußere Ziele, Erfolge, Produktion und Verbrauch gerichteten Kultur wie der unseren einfach weg, so weit weg, daß man schon gar nicht mehr ahnt, daß sie möglich ist.

Die Unterhaltung ist entweder eine Ware, oder Menschen unterhalten sich, um sich zu streiten; sofern sie das noch einem größeren Publikum zeigen können, ist das dann eine Art des modernen Gladiatorenkampfes. Man geht nur aufeinander los, und jeder versucht, den anderen kleinzukriegen. Oder sie unterhalten sich, um zu zeigen, wie gescheit oder wie überlegen sie sind. Oder sie unterhalten sich, um sich zu bestätigen, daß sie wieder mal recht haben. So sehen sie also, daß das, was sie denken, richtig ist. Sie unterhalten sich mit dem Wunsch, daß sie nichts Neues denken wollen. Sie haben ihre Meinung. Jeder weiß schon, was der andere sagen wird. Und sie beweisen sich nur, daß sie beide nicht von der Stelle zu bewegen sind.
Eine wirkliche Unterhaltung ist weder eine Bekehrung noch ein Streit, sie ist ein Austausch. Es kommt gar nicht darauf an, wer recht hat; es kommt noch nicht einmal darauf an, ob das, was man sagt, so außerordentlich belangvoll ist. Worauf es ankommt, ist, daß es echt ist. Vielleicht kann ich mal ein ganz kleines Beispiel geben: Zwei Leute gehen nach Hause, zwei Kollegen. Nehmen wir an, Berufskollegen von mir, Psychoanalytiker, und der eine sagt zum anderen: »Ich bin ziemlich müde.« Und der andere sagt: »Ich auch.« Das klingt recht banal, aber das muß es nicht sein. Denn wenn die zwei dasselbe getan haben, wissen sie auch, welche Müdigkeit jeder hat, und so machen sie sich eine echte menschliche Mit-teilung: »Wir beide sind müde, und wir wissen voneinander, wie müde wir sind.« Das ist viel mehr von einer Unterhaltung, als wenn zwei Intellektuelle anfangen, in großen Worten über die letzten Theorien zu diskutieren. Die halten beide nur Monologe, berühren sich aber in Wirklichkeit gar nicht.

Die Kunst der Unterhaltung oder die Freude an der Unterhaltung (Unterhaltung im Sinn des Offenseins, des Miteinanderseins, das zumeist ganz einfach in Worten ausgedrückt wird; im Tanzen wird es in der Bewegung geäußert, es gibt viele Formen der Unterhaltung) – das alles wird erst wieder möglich sein, wenn ganz große Änderungen in unserer Kultur vor sich gehen, wenn nämlich die einseitig zweckorientierte Art des Lebens überwunden wird. Wir brauchen eine Einstellung, in der dies zum einzig anerkennenswerten Zweck wird: der *Ausdruck*, das *Wachstum des menschlichen Lebens.* Schlicht gesagt kommt es an auf das *Sein* im Gegensatz zum *Haben*, zum Nur-Benutzen, Nur-Vorwärtslaufen.

Schultz: Nun haben wir heute viel mehr freie Zeit als früher, mehr Gelegenheit also auch zur Unterhaltung. Aber die äußeren Chancen scheinen sich umgekehrt proportional zu verhalten zur inneren Disposition. Das Miteinandersein, von dem Sie sprechen, wird gestört durch lauter Zwischeninstanzen, durch Geräte, durch Apparate. Es sieht so aus, als hinderte uns eine ganz bestimmte Einstellung, das zu vollziehen, was wir hier »Unterhaltung« nennen.

Fromm: Ich glaube, man kann sogar bemerken: Sehr viele Menschen (vermutlich die meisten) haben eigentlich Angst davor, miteinander alleingelassen zu werden, ohne Programm, ohne Apparate, ohne Thema, ohne Tagesordnung. Sie fürchten sich und sind ganz verloren, sie wissen gar nicht, was sie miteinander reden sollen. Ich weiß nicht, wie das in Deutschland ist. In Amerika zum Beispiel ist es üblich, daß man nie einen Menschen oder ein Paar allein einlädt; es müssen immer

mehrere sein, weil es einem schon peinlich ist, wenn nur vier Menschen zusammen sind; denn man muß sich dann etwas Mühe geben, sonst wird es sehr langweilig, es sei denn, die alten Platten werden wieder vorgespielt. Wenn sechs Menschen zusammen sind, dann kommt es zwar zu keiner Unterhaltung, aber der tote Punkt wird umgangen. Es gibt immer etwas zu reden. Wenn der eine nichts mehr weiß, fängt der andere an. Das ist gewissermaßen ein Doppelkonzert, die Musik hört nie auf. Die Unterhaltung aber findet auch nie statt.
Ich schätze, heute sind sehr viele Menschen der Meinung, daß ein Vergnügen, das nichts kostet, auch nicht sehr befriedigend sein kann. Wir sind es durch die Propaganda der Industrie gewöhnt zu glauben, alles Glück komme von Gegenständen, die man kauft. Aber daß man leben kann, sehr glücklich leben kann ohne all diese Gegenstände, das wird kaum noch angenommen. Und das ist ein ungeheurer Unterschied zu früher. Ich bin jetzt dreiundsiebzig. Vor 50 Jahren hat man sehr wenige Gegenstände gekauft, um sich zu vergnügen, auch nicht im bürgerlichen Mittelstand. Da gab es kein Radio und kein Fernsehen und kein Automobil: Und doch gab es Unterhaltung. Natürlich, wenn man sich mit der Unterhaltung »zerstreuen« will, kommt Geschwätz zustande. Unterhaltung braucht »Sammlung«. Wenn ein Mensch innerlich nicht sehr lebendig ist, dann kann auch seine Unterhaltung nicht sehr lebendig sein. Aber es gibt viele Menschen, die könnten viel lebendiger werden, wenn sie nicht Angst hätten, aus sich herauszugehen, sich zu zeigen, die Krücken abzulegen, die sie zu brauchen meinen, um nicht plötzlich vor dem Nichts zu stehen; das heißt mit sich selbst und mit dem anderen allein zu sein.

Schultz: Wir sprechen hier ja im Radio. Radio und Fernsehen haben den Auftrag, zu informieren und zu unterhalten. Das steht in den Gesetzen der Rundfunkanstalten bei uns in der Bundesrepublik. Andererseits, das haben Sie schon angedeutet und da gibt es gar keinen Zweifel, haben Radio und Fernsehen zum Abbau der Kultur der Unterhaltung gehörig beigetragen ...

Fromm: Das ist ein Punkt, der mich sehr interessiert. Ich hätte Sie gerne gefragt, was Ihre eigene Erfahrung ist, nämlich ob Radio und Fernsehen im großen und ganzen eine ähnliche Wirkung oder ähnliche Funktionen haben oder ob Sie annehmen, daß die beiden Medien der Kommunikation zwei sehr verschiedene Funktionen und verschiedene Qualitäten haben.

Schultz: Das vermute ich sehr wohl. Wenn ich sage, ich vermute es, so will ich damit andeuten, daß die Kommunikationswissenschaft, die so anspruchsvoll von sich reden macht, zur Klärung der unterschiedlichen Wirkung von Radio und Fernsehen noch nicht sehr viel beigetragen hat. Ich kann auf Ihre Frage also nur mit ein paar subjektiven Eindrücken und Beobachtungen antworten:
Mir scheint, sowohl Radio wie Fernsehen sind im Grunde keine Träger von Dialogen. Sie sind indirekt. Auf der einen Seite sind Gebende, auf der anderen Seite Nehmende. So etwas wie Widerrede findet nicht statt. Wo Radio oder Fernsehen eingeschaltet werden, hört Unterhaltung, hört Gespräch auf. Radio und Fernsehen können das Gespräch zwar vortäuschen, aber nicht wirklich sich ereignen lassen. Das bleibt, meine ich, lebendigen Menschen vorbehalten. Entscheidend

ist für mich jedoch, ob Radio und Fernsehen zum Gespräch *anregen, einladen, herausfordern* oder ob sie seine Voraussetzung zerstören, das heißt, eine Atmosphäre der *Gesprächsunfähigkeit* schaffen. Und in dieser Beziehung nun würde ich mit dem Radio die größeren Hoffnungen verbinden als mit dem Fernsehen.

Fernsehen verführt noch mehr als alle anderen Medien zu Passivität, zum bequemen Konsum. Es ist das erfolgreichste Mittel zum »Zeitvertreib«. Unterhaltung aber braucht Zeit. Wird die Zeit vertrieben, kann Unterhaltung nicht gedeihen. Das Radio übt – wenn ich das richtig sehe – keinen so starken Sog aus. Es fordert und fördert mehr Aufmerksamkeit, mehr Phantasie. Es könnte, wenn es wollte, in Hülle und Fülle Stoff zum Gespräch anbieten, also nicht das Gespräch selber, sondern Gesprächsmaterial. Davon würde ich mir um so mehr versprechen, als wir Radioleute uns unserer Grenzen und das bedeutet: unserer Ergänzungsbedürftigkeit bewußter würden. Ich finde, das Reizvolle, das, was anreizt am Radio, ist doch gerade das, was es *nicht* vermitteln kann. Es weist, wenn es seine Beschränktheit, seine Künstlichkeit, seinen Ersatzcharakter deutlich zu erkennen gibt, auf andere, ursprüngliche, direkte Möglichkeiten der Kommunikation hin, zum Beispiel eben auch gerade auf die Einmaligkeit und Schönheit des unvermittelten Gespräches und so fort . . .

Fromm: Ja, das kann ich sehr gut verstehen. Ich selbst habe eigentlich nur die ganz persönliche Erfahrung als Radiohörer und gelegentlicher Benutzer des Fernsehens – und ich habe die folgende Beobachtung bei mir gemacht, meine Frau übrigens auch, und vielleicht können Sie sich selbst dazu äußern und

ebenso mögen die Hörer des Gesprächs sich fragen, ob sie ähnliche Erfahrungen kennen, wenn sie fernsehen: Wenn ich Radio höre, bin ich ein freier Mann. Das heißt, ich stelle es an, wenn es mich interessiert. *Aber ich werde nicht süchtig.* Ich höre durch das technische Mittel etwa einer Unterhaltung zu, so, wie ich am Telefon zuhöre, wenn jemand mit mir spricht. Sicher, das ist nicht so persönlich wie ein Telefongespräch, aber immerhin sind wir daran gewöhnt, das heißt, wir sind nicht fasziniert davon. So kann man wirklich sagen, ich bin innerlich ganz frei, dem zuzuhören oder nicht. Beim Fernsehen empfinde ich etwas anderes. Da wird man ein bißchen unfrei. Sowie dieser Apparat angestellt ist und ich die Bilder dort sehe, gibt es in mir einen Moment, in dem ich zwar nicht gerade einen Zwang, aber doch einen Drang fühle und eine starke Tendenz habe, mir das anzusehen, auch wenn ich intellektuell weiß, das ist ja alles großer Blödsinn. Ich will damit nicht sagen, daß alles im Fernsehen großer Blödsinn ist; ich meine, auch wenn es großer Blödsinn ist und ich das weiß, habe ich die Tendenz, zuzuhören und zuzuschauen.
Das Fernsehen hat eine Faszination, hat einen Reiz, der viel größer ist als der des Radios, einen *psychologischen* Reiz, der eben nicht durch das, was es bietet, gegeben ist. Nun, ich habe mich oft gefragt: Was ist das, dieser Reiz? Und ich glaube, er liegt in einem sehr tiefschichtigen Erlebnis: Man kann sich eine zweite Welt mit dem Druck eines Knopfes in sein Wohnzimmer holen. Das appelliert an tiefe magische Instinkte ...

Schultz: ... an atavistische Instinkte ...

Fromm: Das Fernsehen macht mich zu einer Art Gott. Ich schaffe die Realität, die mich tatsächlich umgibt, ab, und statt dessen schaffe ich mir eine neue Realität, die kommt, wenn ich auf den Knopf drücke. Ich bin beinahe Gott, der Schöpfer. Das ist meine Welt. Da fällt mir eine kleine Geschichte ein, die den Vorzug hat, wahr zu sein, und die das sehr genau ausdrückt. Erzählt wurde sie mir von einem Vater, der mit seinem sechsjährigen Sohn im Auto fuhr an einem sehr regnerischen und stürmischen Tag. Auf der Landstraße ging ein Reifen kaputt. Sie mußten also das Rad abnehmen und es auswechseln. Das war natürlich sehr unangenehm. Da sagte der kleine Junge zu seinem Vater: »Papi, können wir nicht einen anderen Kanal einstellen?« So war für das Kind die Welt. Paßt mir die eine nicht, wähle ich eine andere.
Kürzlich hat meine Frau den Roman eines polnischen Autors gelesen, den sie mir erzählte. Ich habe mit großer Spannung zugehört. In diesem Roman wird ein Mensch geschildert, Sohn eines sehr reichen Mannes, der ziemlich verrückt war. Er ließ den Sohn aufwachsen in einem großen Haus, aber ohne daß er lesen und schreiben gelernt hätte und ohne daß er zu irgendeinem Menschen gesprochen hätte –, also völlig isoliert, doch innerhalb des Vaterhauses. Alles, was er hatte, war ein Fernsehapparat. Den ließ er den ganzen Tag eingeschaltet. Und er glaubte, das sei die Wirklichkeit. Dann starb der Vater, der Sohn mußte weggehen und kam unter die Leute; aber er verstand nie, daß das, was er da selber sah, eine andere Realität war als die des Fernsehens. Der junge Mann sagte nie ein Wort. Er wußte ja von gar nichts. Er konnte nur zusehen, eben weil die Welt für ihn ein Fernsehspiel war. Aber gerade, weil er nichts sagte, weil er dann schließlich in das Haus eines der

mächtigsten Männer Amerikas kam, glaubte jeder, er müsse sehr bedeutend sein. Und so wurde eines Tages sein Name überall bekannt, bis er dann zum Schluß als Präsident vorgeschlagen wurde, weil er nie etwas gesagt und gar keine Meinung hatte.

Hier wird genau beschrieben, was ich meine: Wirklichkeit und das, was im Fernsehen erscheint, sind gar nicht mehr verschieden, und ich glaube eben, daß dieses Erlebnis, daß ich mit meinem Finger eine andere Welt zur Wirklichkeit werden lassen kann, was – wie Sie sagen – ein sehr atavistisches, tiefgehendes Erlebnis ist, ungeheuer verführt. Deshalb hat das Fernsehen es sozusagen gar nicht nötig, etwas »Gutes« zu bringen, weil es schon anzieht durch die Existenz als Kommunikationsmittel. Genau wie die Leute zusammenlaufen, wenn ein Brand ausgebrochen ist oder wenn sonst irgend etwas Aufregendes geschieht ...

Schultz: ... wo man auch nur zuzuschauen braucht und wo man im Grunde nicht bereit ist einzugreifen. Das bedeutet: Die andere Seite dieser Vortäuschung von Macht (durch einen Knopfdruck) ist ja eine völlige Passivität – während man sich vom Radio immerhin noch vorstellen könnte (Adam Müller hat es einmal so ausgedrückt), daß das Zuhören eine Manier des Antwortens ist. Also im Grunde eine aktive Einstellung, die nicht zu verwechseln ist mit bloßer Erkenntniserwartung. Aber nun noch eine Frage, Herr Fromm: Sie können und wollen die deutschen Verhältnisse nicht beurteilen; doch das Fernsehen hat natürlich auch die *Hör*gewohnheiten ganz erheblich verändert. Das heißt, wir können nicht mehr mit der Aufmerksamkeit der Zuhörer rechnen, wenn das Fernsehen sie entwöhnt hat, eine Sache genau beachten und betrachten zu müssen. Meine Frage wäre nur, ob das Radio nicht zu schnell dieser Tendenz nachgegeben hat, ob es nicht den Feststellungen oder Behauptungen, daß es Aufmerksamkeit in keinem großen Umfange mehr gibt, viel zu hurtig folgt und ob es nicht vielmehr *gegensteuern* müßte, ob es nicht als das bescheidenere Medium, auch als das Medium, das nicht mehr als Massenmedium zu verstehen ist – aus dieser Rolle ist es längst dispensiert, wofür man ja dankbar sein könnte –, ob es nicht also da ganz präzise Aufgaben für sich erfinden müßte, die diese Unterschiede, von denen wir gerade gesprochen haben, in Rechnung stellen?

Fromm: Ich kann dies natürlich nicht beurteilen, weil ich das deutsche Radioprogramm sehr wenig kenne. Aber ich glaube schon, daß das, was Sie sagen, den entscheidenden Punkt trifft. Ich weiß, Sie haben in großen Reihen im Süddeutschen Rundfunk Themen behandelt, die man in einem Universitätskurs behandeln würde, vielleicht in einer etwas einfacheren Sprache, was nur dafür spricht (es wäre besser, wenn man in den Universitätskursen auch einfacher sprechen und dafür mehr Inhalt geben würde) –, aber das ist eben, scheint mir, eine hervorragende Aufgabe des Radios, wo es eine bedeutende erzieherische Funktion übernehmen kann, und ich denke vor allen Dingen, das, was Sie über die Konzentration sagen, ist außerordentlich wichtig. Es ist ja sehr merkwürdig, wie unkonzentriert der heutige Mensch denkt, lebt, und auch arbeitet. Die Arbeit ist so fragmentiert, so zerschlagen, daß es meist nur eine mechanische und partielle Konzentration gibt, aber keine volle, die den ganzen Menschen erfordert. Sagen wir einmal: Der Arbeiter am laufenden Band, der immer wieder dieselbe

Schraube festmacht, der muß sich konzentrieren, daß er im Rhythmus bleibt, aber diese Art begrenzter Konzentration ist etwas durchaus anderes als eine echte Sinnessammlung des ganzen Menschen, der imstande ist, zuzuhören, der nicht gleichzeitig etwas anderes denkt, der nicht fünf Sachen immer zur selben Zeit erledigen will, weil keine Sache ihn befriedigt. Und natürlich: Ohne Konzentration kommt nichts dabei heraus. Alles, was man ohne Konzentration tut, ist ziemlich wertlos. Keine erfreuliche und erfreuende Beschäftigung, Leistung, Aktivität findet statt, wenn sie nicht konzentriert erfolgt. Das gilt nicht nur für die großen Künstler, für die großen Wissenschaftler – das gilt für jeden Menschen.

Schultz: Hier möchte ich nun die Unterhaltung unterbrechen und mich Ihnen zuwenden, verehrte Zuhörer, um Ihnen ein paar Informationen über meinen Gesprächspartner zu geben. In Amerika wäre das nicht nötig, dort kennt man Erich Fromm und seine Schriften. Bei uns dagegen bekommt sein Name erst langsam den Ruf, der ihm zusteht.
Fromm wurde am 23. März 1900 in Frankfurt geboren. Er war ein Einzelkind. Er wuchs – und danach werde ich ihn gleich fragen – im Geiste des traditionellen Judentums auf. Die Geschichten des Alten Testaments – so berichtet Fromm – bewegten ihn mehr als irgend etwas sonst. Vor allem die Visionen von einem universellen Frieden, wo Lamm und Löwe beisammen wohnen, faszinierten den Jungen und ließen früh ein mächtiges Interesse am Zusammenleben der Völker, am Internationalismus in ihm wach werden. In dem Gymnasiasten Erich Fromm regten sich Abneigung und Protest gegen die Irrationalität des Massenwahns, der 1914 zum Kriege führte.

Daneben beunruhigte ihn ein anderes, ein persönliches Erlebnis, das seine Entwicklung entscheidend beeinflußte: Eine schöne junge Frau, Künstlerin, Freundin der Familie, beging Selbstmord nach dem Tode ihres alten, unansehnlichen Vaters. Sie wollte – das war ihr letzter Wille – mit ihm begraben werden. In Fromm arbeitete nun die Frage, wie es möglich sein konnte, daß diese Frau ihren Vater so liebte, daß sie die Gemeinschaft im Tode mit ihm der ihr so naheliegenden und vertrauten Freude am Leben vorzog. Diese Beobachtungen und Gedankengänge brachten ihn auf die Spur der Psychoanalyse. Er fing an, sich zu erkundigen nach den Motiven *hinter* dem Verhalten.
Im Studium bekamen die Schriften der Propheten, die Fromm in- und auswendig kannte, eine erstaunliche Gesellschaft: Buddha, Marx, Bachofen und Freud. Mit diesen Namen sind die wichtigsten Anreger genannt. Mögen sie noch so verschieden oder gar widersprüchlich klingen, Fromm bringt sie unter ein Dach. Davon muß sofort die Rede sein, und ich will unserer Unterhaltung nichts vorwegnehmen.
Fromm studierte Psychologie, Philosophie und Soziologie in Heidelberg. Mit zweiundzwanzig wurde er Doktor der Philosophie. Es folgten seine Studien und Analysen in München und Frankfurt. Danach begab sich Fromm zum Abschluß seiner Ausbildung an das namhafte Psychoanalytische Institut in Berlin. 1930 wurde er praktizierender Psychoanalytiker. Neben seiner Berliner Tätigkeit lehrte er am Psychoanalytischen Institut in Frankfurt und wurde zudem Lehrer und Mitglied des Instituts für Sozialforschung an der Frankfurter Universität, das seine Tätigkeit nach dem Einzug des Nationalsozialismus an der Columbia Universität in New York fortsetzte.

1934 zog Fromm in die Vereinigten Staaten. Er lehrte an verschiedenen Universitäten, rief mehrere wichtige Institute für Psychoanalyse und Sozialpsychologie ins Leben und legte im übrigen Wert darauf, stets zugleich Analytiker zu sein und Erfahrungen im Umgang mit Patienten zu sammeln. 1949 übersiedelte er nach Mexico, wo er bis zu seiner Pensionierung im Jahre 1965 vielseitig und mit weiter Ausstrahlung an der Universität gearbeitet hat. Jetzt ist er Ehrenprofessor an dieser Universität. Bis zur Stunde nimmt er sowohl in Mexico wie in New York zahlreiche Lehraufgaben wahr. In den letzten Jahren wohnte er meistens im Tessin und schrieb.
Fromm hat sich in der Friedensarbeit engagiert und war einer der Gründer von SANE, der wichtigsten amerikanischen Friedensbewegung, die neben ihrem Kampf gegen das atomare Wettrüsten auch führend am Kampf gegen den Vietnam-Krieg beteiligt war. In den fünfziger Jahren trat er einer sozialistischen Partei bei, trennte sich jedoch wieder von ihr, da sie ihm nicht radikal genug erschien. Er hat grundlegende Beiträge zum Einbau der psychoanalytischen Theorie in die Marxsche Gesellschaftstheorie geliefert, die Hand in Hand mit seiner gesellschaftlich und humanistisch orientierten Revision der Freudschen Theorie gingen. Er hat ein Symposium über sozialistischen Humanismus mit Beiträgen von internationaler Breite herausgegeben und sich wie kaum einer seiner Fachgenossen politischen Problemen gewidmet. Sein Buch *Revolution der Hoffnung* ist eine Flug- und Kampfschrift, die entstanden ist, als Erich Fromm die Bewerbung Eugene McCarthys um die Präsidentschaft unterstützte. Er setzte sich für den professoralen Senator ein, der ein Freund der Poesie und der Philosophie ist und trotzdem, oder besser: gerade deswegen als

Kandidat für das höchste politische Amt der Vereinigten Staaten für Fromm in Betracht kam, weil er (und das ist für Fromm eine eminent politische Kategorie) Hoffnung im Volk zu wekken in der Lage war. Was an Fromm auffällt – und was keineswegs alltäglich ist im akademischen Betrieb –, ist seine unkonventionelle, unorthodoxe Einstellung in allem, was er denkt, sagt, tut. Statt des Gedankens Blässe finden wir bei ihm eine sympathische Frische.
Er entstaubt. Er regt zu neuen Fragestellungen an. Er verabscheut Dogmen und sonstige Fixierungen. Geist und Wind sind eben im Hebräischen *ein* Wort. Es ist gerade das Unfertige an ihm, das weder Freunde noch Feinde, weder Verfechter noch Verächter mit ihm fertigwerden läßt.

Herr Fromm, darf ich Sie nach dieser kleinen Skizze bitten, etwas von sich zu erzählen? Ich habe bei Ihnen den Ausdruck »intellektuelle Biographie« gelesen. Was für Einflüsse und Eindrücke in der Jugend und in der Studienzeit haben Ihre Entwicklung akzentuiert?

Fromm: Ich könnte vielleicht einiges erwähnen, was mir selbst wichtig erscheint. Daß ich einziges Kind von zwei überängstlichen Eltern war, das hat natürlich zu meiner Entwicklung nicht eben positiv beigetragen; aber ich habe im Laufe der Zeit versucht, die Schäden einigermaßen zu reparieren.
Etwas anderes dagegen hat positiv beigetragen oder zumindest war es sehr entscheidend für meine Entwicklung, und das ist meine Herkunft. Ich komme aus einer streng orthodoxen jüdischen Familie mit lang zurückreichenden rabbinischen Ahnen auf beiden Seiten. Und ich bin aufgewachsen im Geist

dieser alten Tradition, das heißt einer vorbürgerlichen, vorkapitalistischen, sicherlich mehr mittelalterlichen als modernen Tradition. Und das war für mich viel realer als die Welt, in der ich gelebt habe, die Welt des 20. Jahrhunderts. Ich bin natürlich auf eine deutsche Schule, aufs Gymnasium gegangen; ich habe studiert und ich habe intensiv teilgenommen an den Ideen, die ich aus der deutschen Kultur geschöpft habe, und vielleicht könnte ich später noch etwas darüber sagen. Mein Lebensgefühl aber war nicht das eines modernen Menschen, sondern das des vormodernen Menschen. Das wurde auch dadurch gefördert, daß ich Talmud studiert, daß ich reichlich die Bibel gelesen und viele Geschichten von meinen Vorfahren gehört habe, die alle in einer Welt gelebt haben, die vor dem Bürgertum existierte. Ich erinnere mich jetzt gerade an eine Geschichte, die mir einfällt: Ich hatte einen Urgroßvater, der ein großer Talmudist war. Er war aber nicht irgendwo Rabbiner, sondern er hatte einen kleinen Laden in Bayern, und er verdiente sehr wenig Geld. Eines Tages bekam er ein Angebot, daß er, wenn er etwas reisen würde, etwas mehr verdienen könnte. Er hatte natürlich viele Kinder, und das machte das Leben nicht leichter. Da hat ihm seine Frau gesagt: Nun, würdest du nicht doch vielleicht daran denken, die Gelegenheit zu nutzen, du wärest ja nur drei Tage im Monat fort, und wir würden etwas mehr Geld haben. Da sagte er: Meinst du, ich sollte das tun und mehr als drei Tage im Monat versäumen zu studieren? Sie sagte: Um Gottes willen nicht, was denkst du! Und es kam nicht in Frage. So hat er den ganzen Tag in seinem Laden gesessen und den Talmud studiert; wenn ein Kunde gekommen ist, ist er etwas ärgerlich aufgefahren und hat gesagt: Gibt es denn keinen anderen Laden? Das war die

Welt, die für mich real war. Die moderne Welt fand ich merkwürdig.

Schultz: Wie lange?

Fromm: Bis heute. Ich erinnere mich, wie ich zehn Jahre alt war oder zwölf. Wenn jemand sagte, er sei ein Kaufmann oder ein Geschäftsmann, dann fühlte ich mich immer verlegen, denn ich dachte: Gott, der muß sich doch schrecklich fühlen, daß er zugeben muß, sein ganzes Leben nichts anderes zu tun, als Geld zu verdienen. Daß das seine einzige Beschäftigung ist! Inzwischen habe ich gelernt, daß das ganz normal ist; aber ich bin immer noch überrascht. Ich bin nach wie vor ein Fremder in der Geschäftskultur oder in der bürgerlichen Kultur in diesem Sinne, und das ist eine wichtige Quelle auch dafür, daß meine Einstellung zur bürgerlichen Gesellschaft und zum Kapitalismus äußerst kritisch wurde. Ich wurde Sozialist. Diese Gesellschaft und diese Interessen schienen mir nicht dem zu entsprechen, wofür das Leben da ist. Aber das war kein großer intellektueller Entschluß, keine Entscheidung, sondern ich fand das immer schon befremdlich und wunderte mich, wie das eigentlich möglich ist.

Schultz: Aber damit ist Ihnen doch eine Gegensatzerfahrung zugemutet worden; denn man kann nicht gerade behaupten, daß in Ihrem Denken und in Ihrem Leben diese moderne Welt nicht zugegen wäre. Ganz im Gegenteil, sowohl mit ihren Gefahren als auch mit ihren Entdeckungen von Hoffnungen ist sie ganz außerordentlich präsent.

Fromm: Dazu kann ich vielleicht eine einfache Antwort geben: Was mich an der modernen Welt so angezogen hat, waren alle die Elemente, die auf die vorbürgerliche Welt zurückweisen. Da war Spinoza, da war Marx, da war Bachofen. Da fand ich mich zu Hause. Da fand ich die Synthese zwischen dem, was mir aus der Vergangenheit lebendig war, und dem, was ich an der modernen Welt liebte. Diese Teile der modernen Welt, die ihre Wurzeln in der alten Welt hatten, die waren für mich nah, und da gab es eben keinen Widerspruch. Das war die Welt, die ich kannte, die ich mochte, und so wurde ich ein sehr engagierter Student alles dessen, was diesen Zusammenhang herstellte.

Schultz: Hat sich das in der Studentenzeit ergeben oder schon früher? Wann sind diese beiden Welten bei Ihnen so zusammengestoßen?

Fromm: Es gab ein Ereignis, das für meine Entwicklung entscheidend war, das war der Erste Weltkrieg. Sie sagten es schon. Ich war vierzehn Jahre, als er ausbrach. Damals war ich, wie die meisten Jungen in der Klasse, ein Kind noch und habe den Krieg nicht wirklich verstanden; aber ziemlich bald habe ich ihn zu durchschauen angefangen. Und dann war für mich die brennende Frage, die mich bis zum heutigen Tag verfolgt – oder, sie verfolgt nicht mich, ich verfolge sie: *Wie ist das möglich?* Die Frage, wie ist es möglich, daß für Ziele, die offenbar teilweise ganz irrational sind, oder für politische Vorstellungen, für die kein Mensch, würde er sie klar erkennen, sein Leben hergeben würde, daß da Millionen von Menschen weitere Millionen töten, sich töten lassen und daß es vier Jahre einer unmenschlichen Situation bedarf, um endlich Schluß zu machen. Nun, wie ist Krieg möglich *politisch*, und wie ist Krieg möglich *psychologisch*? Was motiviert die Menschen? Diese Frage ist damals für mich brennend geworden. Es war vielleicht die zentralste Frage, die auftauchte und die bis heute mein Denken wesentlich beeinflußt hat. Die vorbürgerliche Herkunft und der Krieg waren wohl die zwei herausragenden Erfahrungen, die mein Denken und Fühlen geprägt haben.

Schultz: Was für Lektüre hat zu Ihren Orientierungen beigetragen? Ich meine jetzt nicht unbedingt nur Bücher, die berufs- oder ausbildungsbezogen waren, sondern vielleicht auch solche, die Ihre private Existenz betreffen.

Fromm: Das habe ich mir oft selbst überlegt. Es gibt tatsächlich ein paar Bücher, die mein Leben bestimmt, die mich sozusagen »begeistert« haben. Ich glaube überhaupt, wenn ich hier eine Fußnote machen darf, daß es so sein sollte, daß es Bücher gibt, die unser Leben bestimmen. Das meiste, was wir lesen, kann das nicht. Es ist entweder rein fachwissenschaftlich oder es hat keine Bedeutung. Aber jeder Mensch sollte sich eigentlich fragen: Gibt es ein Buch, zwei Bücher, drei Bücher, die von entscheidender Bedeutung für deine ganze Entwicklung gewesen sind?

Schultz: Es gibt, wenn ich das schnell zwischenrufen darf, ein Wort von Flaubert: Ich lese nicht, um zu lernen, sondern um zu leben.

Fromm: Genau! Das ist ein sehr schönes Wort. Ich habe es nicht gekannt. Aber es trifft das, was ich sagen will. Und in diesem Sinn gibt es nicht viele Bücher, die das Leben entscheidend beeinflussen. Natürlich, jedes einigermaßen gute Buch hat seine Wirkung. Man liest kein Buch, ohne völlig unbeeinflußt zu sein. Genau so, wie eine ernsthafte Unterhaltung oder eine ernsthafte Begegnung immer auch ihre Konsequenzen hat. Man spricht nicht ernsthaft miteinander, ohne daß dabei beide etwas erleben oder sogar – ich würde sagen –, daß dabei in beiden sich etwas ändert. Das ist oft so klein an Quantität, daß man es nicht aufweisen kann. Aber das führt eigentlich zu dem Punkt zurück, von dem Sie vorher gesprochen haben: Wenn zwei Menschen miteinander reden, und keiner von ihnen ist anders am Ende als er am Anfang war, dann haben sie nicht miteinander geredet, dann war alles, was sie miteinander getan haben, ein bloßer Wortwechsel.
Dies gilt auch für Bücher. Es gibt in meinem Leben drei, vier, fünf Bücher, ohne die ich nicht wäre, was ich bin: und was ich sonst geworden wäre, weiß ich nicht. Zuerst: die Bücher der Propheten. Ich sage nicht das »Alte Testament«. Ich habe zwar damals die kriegerischen Bücher der Eroberung Kanaans noch nicht so außerordentlich verabscheut wie heute; doch ich habe sie auch nicht gemocht und kaum mehr als ein-, zweimal gelesen. Aber die prophetischen Bücher und die Psalmen, vor allem die prophetischen Bücher, die waren und sind für mich eine immer lebendige Quelle.

Schultz: Wollen Sie sie nicht einmal herausgeben und kommentieren?

Fromm: Ich habe so ein Buch geschrieben, *Ihr werdet sein wie Gott*, eine Interpretation der jüdischen Tradition. Da habe ich versucht, die Psalmen zu deuten, einen Unterschied zu machen zwischen *den* Psalmen, die eine innere Bewegung darstellen, von der Traurigkeit zur Freude, und *den* Psalmen – das sind ganz andere –, die in der Stimmung gleich bleiben, die also in gewisser Weise, nicht immer, etwas selbstgerecht sind. Zum mindesten ist da kein innerer Konflikt, da ist keine innere Bewegung. Es gibt Psalmen, die man nur verstehen kann, wenn man bemerkt, wie der Mensch anfängt in einem Zustand der Verzweiflung. Und dann überwindet er die Verzweiflung. Aber sie kommt wieder. Dann überwindet er sie wieder. Und erst, wenn die Verzweiflung ihren tiefsten Grund, ihre größte Intensität erreicht hat, kommt wie ein Wunder plötzlich eine Wendung und eine jubilierende, gläubige, hoffnungsfreudige Stimmung. Ein gutes Beispiel ist der Psalm 22, der mit den Worten anfängt: »Mein Gott, mein Gott, warum hast du mich verlassen?«

Es mag Sie vielleicht interessieren: Es ist ein altes Problem, warum Jesus bei seinem Tode diese Worte der Verzweiflung gesprochen hat. Das habe ich mich schon als Kind gefragt. Das scheint doch ein Widerspruch zu sein zu seinem freiwilligen Tod, zu seinem Glauben. Nun, es ist in Wirklichkeit gar kein Widerspruch; denn (ich habe das im einzelnen in diesem Buch gezeigt) die traditionelle jüdische Weise, einen Psalm zu zitieren, geschieht nicht, wie in der christlichen Religion, durch Hinweise auf Nummern, Psalm soundso, sondern man beruft sich auf einen ganzen Psalm mit dem ersten Satz oder mit den ersten Worten. Was das Evangelium schildert, soll heißen: Jesus sagte den Psalm 22. Und wenn Sie diesen Psalm lesen, dann finden Sie, er fängt zwar an in der Verzweiflung, aber er endet in einem hymnischen Stil der Hoffnung, und er drückt vielleicht wie kein anderer Psalm die universalistische messianische Erwartung des Urchristentums aus. Und das mißversteht man, wenn man diese Wandlung nicht sieht und wenn man glaubt, Jesus habe nur den ersten einen Satz des Psalms gesagt. Später hat man diesen Satz in den Evangelien geändert, weil er zu mißverständlich wurde. Nun ja, das führt zu weit über diesen Gegenstand hinaus. Aber wir haben ja auch kein Programm, und das ist schön. – Das ist also die eine Quelle, und wenn ich die Propheten heute lese, sind sie für mich so frisch und so lebendig wie vor 50 Jahren, vielleicht eher noch frischer und lebendiger.

Der zweite große Einfluß kam – erst später – von Marx. Mich lockte vor allem seine Philosophie und seine Vision des Sozialismus, die in säkularer Form die Idee von der Selbstwerdung des Menschen ausdrückt, von seiner vollen Humanisierung, von jenem Menschen, für den nicht das Haben, nicht das Tote, nicht das Aufgehäufte, sondern die lebendige Selbstäußerung das Ziel ist. Angefangen mit den philosophischen Schriften von 1844 hat Marx das gezeigt. Und tatsächlich: wenn Sie diese philosophischen Schriften lesen und nicht wissen, daß Marx der Verfasser ist, und nicht ein guter Marx-Kenner sind, dann werden Sie kaum den Autor erraten. Nicht deshalb, weil der Text etwa atypisch für Marx ist, sondern weil einerseits die Stalinisten und auf der anderen Seite auch die meisten Sozialisten das Marx-Bild so verfälscht haben – als ob Marx eben ausschließlich eine ökonomische Veränderung im Auge gehabt hätte. In Wirklichkeit war die ökonomische Veränderung nur Mittel zu einem Zweck: Es ging Marx entscheidend um die

Befreiung des Menschen im Sinne des Humanismus. Wenn Sie die Philosophie von Goethe nehmen und die von Marx, so finden Sie erstaunliche Ähnlichkeiten. Marx steht ganz in der humanistischen Tradition und auch in der – ich glaube – prophetischen Tradition. Und wenn Sie die Reden eines der kühnsten und radikalsten Denker, Meister Eckharts, lesen, dann werden Sie – vielleicht zu Ihrem Erstaunen – viele Ähnlichkeiten entdecken.

Schultz: Man muß Marx, wie viele seiner Kollegen der verschiedensten Provenienz, gegen seine Anhänger in Schutz nehmen. Aber wo geschieht das? Wo gibt es heute eigentlich an den Universitäten oder andernorts Versuche, Autoren wie Marx – man könnte das ausdehnen, etwa auf Brecht oder auf Freud oder auf Bloch, im Grund auf jeden schöpferischen Geist, in dessen Namen die Nachwelt argumentiert – vor der Verkrustung zu bewahren? Wo geschieht das?

Fromm: Es gibt heute sehr wenige Marx-Kenner, die Marx nicht vollkommen im Sinne der rechten oder linken Verzerrung interpretieren.

Schultz: Sie benutzen ihn zum Beleg eigener Anschauungen.

Fromm: Ja, genau, sie benutzen ihn zum Beleg eigener Anschauungen – und nicht nur eigener Anschauungen, sondern einer Praxis und Politik, die oft das Gegenteil ist von dem, was Marx dachte und wollte. Ob das nun der Staatskapitalismus im russischen Sinn oder der westliche Kapitalismus im liberalen Sinn ist, insofern sich beide auf Marx berufen – ich meine jetzt im letzteren Fall die meisten der sozialdemokratischen Ideologen –, sind sie eine Verfälschung von Marx. Die Zahl der Menschen, die Marx verstehen, richtig verstehen, ist heute sehr gering. Das klingt zwar vielleicht etwas anmaßend, wenn ich gewissermaßen sage: alle haben unrecht außer mir und ein paar anderen. Das meine ich natürlich nicht. Aber mir scheint, die meisten Marx-Kenner übersehen, daß Marx' Denken im Grunde ein religiöses Denken ist. »Religiös« nicht verstanden im Sinne des Glaubens an Gott. In diesem Sinn – sagen wir mal – ist der Buddhismus auch nicht religiös, denn der Buddhismus hat keinen Gott; aber religiös im Sinn einer Haltung, in der alles darauf ankommt, daß der Mensch seinen Narzißmus, seinen Egoismus, seine innere Abgeschlossenheit transzendiert und sich öffnet, daß er – wie Meister Eckhart sagen würde – sich ganz leer macht, um ganz voll zu werden, um ganz aufnehmen zu können, um ganz zu sein. Das ist bei Marx, in anderen Worten, die entscheidende Grundlage. Ich habe mir oft das Vergnügen gemacht, verschiedenen Menschen einiges aus den Ökonomisch-Philosophischen Manuskripten von Marx vorzulesen. Ich erinnere mich an ein Gespräch, das ich mit Doktor Suzuki hatte, einem der Hauptvertreter des Zen-Buddhismus; ich las ihm einiges vor, ohne zu sagen, wer der Autor ist, und fragte ihn: Ist das Zen? Ja natürlich, sagte er, das ist Zen. Oder ich habe einem Kreis von gebildeten Theologen einiges vorgelesen, und sie tippten auf alle möglichen klassischen Texte, zum Beispiel auf Thomas oder auf ganz moderne theologische Ansichten. Daß das von Marx wäre – darauf kam keiner. Sie kannten eben Marx nicht.

Es gibt eine Reihe von marxistischen Forschern, die das klar sehen, wie zum Beispiel Ernst Bloch, und auch antimarxisti-

schen katholischen Forschern wie Jean Ives Calvez. Ihre Zahl ist nicht so gering, aber ihr Einfluß ist gemessen am Einfluß der herrschenden Marxinterpretation bis jetzt gering – außer bei Theologen.
Eine andere entscheidende Quelle war für mich ein Autor, der leider überhaupt nicht mehr gut bekannt ist, ich meine Johann Jakob Bachofen, den Entdecker der mutterrechtlichen Gesellschaft. Vor 110 Jahren ungefähr hat er sein Hauptwerk geschrieben. Ins Englische wurde es erst vor fünf Jahren übersetzt, und noch nicht einmal das ganze. Bachofen hatte entdeckt, daß vor der patriarchalischen eine mutterrechtliche Welt existierte. Er hat das nicht nur allgemein behauptet, sondern er hat gezeigt, worin der Unterschied zwischen den mutterrechtlichen und den vaterrechtlichen Positionen besteht. Kurz gesagt: die mutterrechtliche Position vertrat das Prinzip der unbedingten Menschenliebe. Die Mutter liebt ihre Kinder ohne Rücksicht auf die Verdienste der Kinder: Sie liebt sie, weil sie ihre Kinder sind. Und in der Tat: Wenn eine Mutter ihr Baby nur lieben würde, weil es nett lächelt und brav ist, dann würden die meisten Kinder verhungern. Der Vater – verkürzt gesagt – liebt die Kinder, weil sie ihm gehorchen, weil sie ihm ähnlich sind. Ich meine nun nicht jede Mutter oder jeden Vater. Ich rede hier von einer idealtypischen Kategorie. Das heißt, vom klassischen Typ, wie er sich durch die Geschichte der väterlichen und der mütterlichen Liebe zieht. Im einzelnen sind die Menschen so gemischt, daß es sehr viele mütterliche Väter und sehr viele väterliche Mütter gibt. Der Unterschied hat etwas zu tun mit dem Gesellschaftssystem, nämlich mit dem Unterschied zwischen patriarchalischem und matriarchalischem Gesellschaftssystem. Das Schönste, was man darüber

lesen kann, ist *Antigone;* in ihr wird das mutterrechtliche Prinzip: »Nicht mit zu hassen – mit zu lieben bin ich da« und in Kreon das vaterrechtliche (wir würden heute dazu sogar sagen: das faschistische) Prinzip der eindeutigen Überlegenheit der Staatsgesetze über alle menschlichen Werte repräsentiert.
Bachofens Entdeckung war für mich ein Schlüssel, nicht nur zum Verständnis der Geschichte, nicht nur zum Verständnis vor allen Dingen unserer patriarchalischen Gesellschaft mit ihrem Prinzip der von Leistung bedingten Liebe, sondern auch zum Verständnis dessen, war für mich mehr und mehr das Zentralproblem in der individuellen Entwicklung geworden ist: Welche Bedeutung hat die Sehnsucht nach der Mutter im Menschen – in der Frau wiewohl wie im Mann? Und was ist die Mutterbindung? Was bedeutet sie eigentlich? Was ist die Natur des Ödipus-Komplexes? Geht es um eine sexuelle Bindung? Das glaube ich nicht. Es geht doch um die tiefste Bindung, die es für einen Menschen gibt, nämlich die Sehnsucht nach einer außerordentlichen Figur, nach einer Göttin, die den Menschen die Verantwortung abnimmt, das Risiko des Lebens, ja sogar die Angst vor dem Tod, und die ihn birgt in einer Art von Paradies, für die der Mensch allerdings bezahlt mit seiner Abhängigkeit von der Mutter, mit seinem nicht ganz Erselbst-Werden. Das sind viele wichtige Probleme, und so ist Bachofen für mich Anfang der zwanziger Jahre entscheidend wichtig geworden.
Und dann war äußerst einflußreich der Buddhismus. Er lehrte mich zu sehen: es gibt also eine religiöse Haltung, die ohne Gott auskommt. Als ich den Buddhismus kennenlernte – das war etwa 1926 – war das für mich eines der größten Erlebnisse. Mein Interesse am Buddhismus ist auch bis heute geblieben.

Es wurde später noch bereichert durch das Studium des Zen-Buddhismus, vor allen Dingen mit Doktor Suzuki, aber auch durch viel Lektüre.
Ja, und dann habe ich bisher nicht erwähnt – Sigmund Freud. Freud wurde für mich genau zur selben Zeit bedeutungsvoll und ist es geblieben, und ich würde sagen: diese Einflüsse – das prophetische Judentum, Marx, das Mutterrecht, der Buddhismus, Freud – waren die ausschlaggebenden, die auf mein Denken, aber nicht nur auf mein Denken, sondern auf meine ganze Entwicklung gewirkt haben, denn ich hatte nie die Fähigkeit und habe sie bis zum heutigen Tage auch nicht erworben, über Dinge zu denken, die ich nicht nacherleben kann: abstraktes Denken fällt mir schwer. Ich kann nur denken, was sich auf etwas bezieht, was ich gleichzeitig konkret erfahren kann. Wenn das nicht geschieht, habe ich wenig Interesse und wenig Fähigkeit.

Schultz: Obwohl – oder ich sollte sagen – *weil* Sie Marx ziemlich gut kennen, sind Sie nicht gerade das wandelnde Klischee eines Marxisten. Ähnlich dürfte es in Ihrer Beziehung zu Freud sein. Sie gehen – wie man sich heute gern ausdrückt – von Freud aus; aber das bedeutet doch genaugenommen: Sie gehen von ihm weg. Sie gehen über ihn hinaus. Sie vollziehen einen Fort-Schritt. Und das unterscheidet Sie von der Vielzahl der Freudianer, zu denen Sie, wenn ich das richtig sehe, ein recht kritisches Verhältnis unterhalten.

Fromm: Ich bin immer in der Minorität gewesen. Bei Bachofen bin ich in der Minorität, weil die, die von ihm beeindruckt sind, sich sowieso in der Minorität befinden. Das ist eine relativ kleine Gruppe von Menschen. Freud, natürlich – ich bin erzogen worden als strikter Freudianer im Berliner Institut und habe zunächst einmal auch Freuds Theorien über Sexualität etc. geglaubt. Ich bin in dieser Beziehung immer ein guter Student gewesen, der zunächst einmal annahm, seine Lehrer haben recht, bis er selbst die Materie besser kannte. Ich habe nicht angefangen zu protestieren, bevor ich etwas wußte. Das ist heute mehr die Mode, aber das war damals nicht so sehr die Mode, das war auch bei mir nicht der Fall. So habe ich intensiv studiert, und natürlich war ein ungeheurer Druck da, das für richtig zu halten. Dann aber fing ich nach einigen Jahren an zu zweifeln. Ich sah vor allen Dingen mehr und mehr, daß ich das, was ich finden sollte, im Material des Patienten nicht fand, sondern nur hineininterpretierte. Und ich sah noch etwas: daß ich den Patienten, seine wirklichen Probleme, mit der Freudschen Theorie nicht eigentlich berührte. Ich will jetzt nicht über die Freudsche Theorie reden – das ist eine komplizierte Sache; aber es lief doch darauf hinaus, immer wieder auf den Ödipus-Komplex zu sprechen zu kommen, auf die Kastrationsangst, auf all das, was mit der Sexualität zusammenhängt, und mit Ängsten, die darauf bezogen sind.

Ich beobachtete, daß das den Menschen, den ich vor mir hatte, häufig gar nicht betraf. Und es geschah etwas, was mir sehr unangenehm auffiel: ich wurde gelangweilt. Ich saß da und tat alles, so wie ich das gelernt hatte. Ich schlief zwar nicht ein (wie einer meiner Lehrer, der sagte, das wäre noch gar nicht das Schlechteste; denn wenn er einschliefe bei der Analyse, dann hätte er manchmal einen Traum und damit mehr Einsicht in den Patienten, als wenn er zugehört hätte ... Also das sind so diese Rationalisierungen). Aber ich merkte, ich wurde müde

und war nach sechs, sieben, acht Stunden abgekämpft. Und ich fragte mich: Warum bist du eigentlich so müde, warum bist du gelangweilt? Mit der Zeit fand ich heraus, daß es einfach daher rührte, daß ich nicht an das Leben herankam, und im Grunde genommen Abstraktionen behandelte, wenngleich in Form von relativ primitiven Erlebnissen, die da in der Kindheit angeblich geschehen waren.
Indem ich dann mehr und mehr auf das kam, was mir das Entscheidende schien, nämlich auf die Beziehung des Menschen zum anderen, auf die spezifisch menschlichen Leidenschaften, die eben nicht in Instinkten begründet sind, sondern in der Existenz des Menschen als Menschen, da begann ich zu sehen – ja, da konnte ich wirklich verstehen, und der Mensch, den ich analysierte, konnte auch verstehen, was ich sagte; er fühlte: Aha, so ist es! Da wurde ich nicht mehr müde, und die Analyse war außerordentlich lebendig. Ich habe oft gedacht: Selbst wenn der Patient in der Analyse keine Besserung von Symptomen erfährt – und das ist unglücklicherweise manchmal der Fall –, so gehören die analytischen Stunden trotzdem zu den anregendsten, ja aufregendsten Stunden, die er je im Leben gehabt hat. Denn da wurde er lebendig. Wenn ich trotzdem müde wurde, habe ich meine Patienten gefragt: Sagen Sie mal, was geht hier eigentlich vor? Ich war nicht so müde als Sie kamen, jetzt bin ich furchtbar müde. Liegt das an dem, was Sie gesagt haben? Oder was habe ich gemacht, daß die Sache hier so langweilig werden konnte? Und so wurde es wirklich für mich zum Kriterium einer guten analytischen Stunde, daß, was immer geschehen ist, die ganze Stunde interessant gewesen sein muß – nicht interessant durch eine geschickte und brillante Formulierung, sondern interessant, weil beide Menschen

über etwas sprachen, was relevant war, was echt war, was sie etwas anging ...

Schultz: Die Überlieferung, auch die Inspiratoren, die Sie alle aufgezählt haben, die prophetischen Schriften, Marx, Bachofen, Freud und der Buddhismus, stehen ganz offenkundig in einem Zusammenhang, sind andererseits so disparat, daß manch einer sich wundern mag, daß das in Ihnen zu einem solchen Mosaik geworden ist oder – wie einige Ihrer Freunde gesagt haben – zu einer schöpferischen Synthese. Würden Sie das für kennzeichnend halten?

Fromm: Ja, ich glaube schon. Der tiefste Impuls meines Denkens und Fühlens war ein leidenschaftliches Interesse, diese scheinbar disparaten Strömungen, die im übrigen allesamt – mit Ausnahme des Buddhismus – ganz wesentlich sind für die Formation der europäischen Kultur, aus ihrer Getrenntheit herauszulösen und in ihnen die gemeinsame Struktur zu sehen, wenn Sie so wollen: eine Synthese zu schaffen. Oder, besser ausgedrückt – es ist nämlich gar keine Synthese: Ich wollte zeigen, daß das verschiedene Aspekte einer Grundhaltung sind, einer Grundvorstellung. Sehen Sie, ich könnte sagen, für mich gibt es zwei Schriftsteller, die ich am liebsten lese, das sind Eckhart und Marx. Nun, da werden die meisten Menschen natürlich antworten: Das ist doch ganz blödsinnig; jetzt glaube ich dem gar nichts mehr. Aber der Radikalismus von Meister Eckhart und die Philosophie von Karl Marx haben so Tiefes gemeinsam, nämlich das Durchdringen der Oberfläche auf die Wurzeln hin. Wie Eckhart sagt: Die Wurzel erklärt die Entwicklung einer Sache. Das könnte auch von Marx stammen, ebenso von Freud. Wir haben uns angewöhnt, Autoren und ihre Werke einzuschachteln. Wir holen uns eine Seite heraus und dann bekommen wir dieses oder jenes, aber nicht das Wesentliche, das Ganze zu sehen. Dagegen wollte ich versuchen, entscheidende Aspekte, die voneinander getrennt worden sind, die aber dem westlichen Denken zugrunde liegen, lebendig miteinander zu verbinden und mehr im Kontext zu sehen. Das dürfte der wesentliche Impuls und der Inhalt dessen gewesen sein, womit ich mich in den letzten 40 Jahren beschäftigt habe.

Schultz: Ich möchte, wenn Sie einverstanden sind, den Faden unseres Gesprächs jetzt ganz plötzlich abschneiden und Ihnen und denen, die uns zuhören, eine kleine schöpferische Pause gönnen. Ich weiß, Herr Fromm, Sie hören viel Musik und beziehen auch Ihre Gäste – mich zum Beispiel – in diese Gewohnheit ein. Sie halten sich, anders als Ihr Frankfurter Kollege Theodor W. Adorno, nicht für einen Experten, wohl aber für einen Liebhaber von Musik. Gibt es Musik, die Sie bevorzugen bzw. vernachlässigen?

Fromm: Ich bin in meinem musikalischen Geschmack sehr altmodisch. Für mich ist Musik allerdings nicht im Sinne eines Sachverständigen, sondern im Sinne des Erlebens von Musik, des Hörens von Musik, sehr wichtig. Es würde mir schwerfallen zu denken, daß ich irgendwo lebe, ohne Musik zu hören.

Schultz: Ich habe Ihre Schallplatten gesehen und fand viel Barockmusik, viel Mozart, vor allem viel Bläser- und Violinkonzerte, viel Beethoven; aber Sie erzählten mir, daß es unter Ihren Vorlieben gewissermaßen eine besondere gäbe, nämlich die Suiten für Violoncello solo von Bach, gespielt von Pablo Casals. Casals, der sie als Junge zufällig entdeckt und der sie zwölf Jahre lang geübt hat, ehe er den Mut aufbrachte, sie öffentlich vorzutragen, hat sie die »Quintessenz Bachschen Schaffens« genannt. Ich habe die sechs Suiten mitgebracht, und wir wollen ein paar Minuten hören. Doch zuvor lassen Sie mich rasch etwas am Rande vermerken: Ich habe neulich ein einige Jahre vor dem Tode von Casals aufgezeichnetes Fernseh-Interview gesehen, in dem er gefragt wurde, was er sagen würde, wenn er plötzlich Gelegenheit hätte, zu aller Welt zu sprechen. Seine Antwort: Ich würde den Menschen sagen: Im Grunde Eurer Herzen wollt Ihr fast alle mehr Frieden als Krieg, mehr Leben als Tod, mehr Licht als Dunkel. Und dann würde ich ihnen, um ihnen deutlich zu machen, was ich damit meine, nämlich keine sentimentale Harmonie, sondern starke Vitalität, Bach vorspielen.

Schultz: Herr Fromm, Sie haben in fünf- oder sechsjähriger Arbeit ein Buch geschrieben, das in Amerika schon vorliegt, das im Herbst auch bei uns in Deutschland unter dem Titel »Anatomie der menschlichen Destruktivität« erscheinen soll und das sich mit den Problemen menschlicher Aggression befaßt. Dieses Buch ist, wenn man so will, ein Gegenbuch. Es richtet sich gegen sehr viele und sehr populäre Vorstellungen von menschlicher Aggression. Es enthält ein Kapitel, das sicher bei uns besondere Aufmerksamkeit erregen wird, ein Kapitel über Hitler, eine Charakteristik Hitlers. Auch da könnte man sagen, es ist ein Gegenkapitel; denn es unterscheidet sich grundlegend von dem, was bei uns im Augenblick Interesse findet.

Fromm: Es gibt neuerdings einige Hitler anschwärmende Veröffentlichungen, die wohl keine großen Auflagen erreichen; frühere Nazis haben sie geschrieben. Die zwei Hauptbücher, die in Deutschland erschienen sind, sind ja die von Fest und von Maser. In Amerika kam vor einiger Zeit ein Buch von Langer heraus. Es hat eine merkwürdige Geschichte. Diese Arbeit wurde in Auftrag gegeben vom amerikanischen Geheimdienst während des Krieges, um ein Psychoporträt von Hitler zu erhalten. Der Autor ist ein Psychoanalytiker ganz orthodoxer Richtung. Bis jetzt war es geheim, wie so viele Papiere in Amerika geheimgehalten werden, die alles andere als geheimnisvoll sind. Der Verfasser hat natürlich damals wenig Material gehabt. Er hat Hitler vom Freudschen Standpunkt aus analysiert: also, Hitler hat einen Ödipus-Komplex, er hat dem Geschlechtsverkehr seiner Eltern beigewohnt und so weiter und so fort – und daraus wird dann irgendwie Hitler erklärt. Das ist natürlich etwas naiv, denn man kann nicht gut Daten, die für die meisten Menschen gelten, zur Erklärung eines so komplexen Charakters wie Hitler benutzen.
Es gibt eine viel bessere Analyse von einem französischen Autor Jacques Brosse, der, soweit er nicht einen analytischen Jargon benutzt, Hitler tatsächlich sehr gut erfaßt. Sowie er den analytischen Jargon benutzt, kommt er allerdings zu ganz abstrusen Ideen, die so kompliziert und komisch sind, daß es zu lange dauern würde, sie auch nur zu erwähnen. Aber immer-

hin, soweit er mit Einfühlung und mit gesundem Menschenverstand und nicht mit theoretischen analytischen Formeln arbeitet, ist sein Buch bei weitem das beste dieser Art.

Meine eigene Analyse nun unterscheidet sich sowohl von dem, was historisch jetzt in Deutschland erschienen ist, als auch von den analytischen Versuchen, Hitlers Psychobiographie zu schreiben. Ich habe schon 1941 in meinem Buch »Furcht vor der Freiheit« eine kurze Analyse von Hitler gegeben, allerdings ohne auf das Kindheitsmaterial einzugehen. Der jetzige Versuch, der ausführlicher ist und das letzte historische Material benutzt, geht sehr viel weiter. In der ersten Analyse hatte ich Hitler hauptsächlich als sado-masochistischen Menschen gesehen, das heißt als einen Menschen (wie ich das auffasse) mit einer unbeschränkten Leidenschaft für Kontrolle und Macht über andere, aber auch gleichzeitig für Unterwerfung. Ich bin inzwischen aufgrund längerer Studien und besserer Einsichten dazu gekommen, auf einen anderen Faktor hinzuweisen, der mir im Falle von Hitler wichtiger erscheint. Ich bezeichne ihn mit dem Begriff der Nekrophilie. Das ist eigentlich ein Begriff, der sonst nur auf eine sexuelle Perversion angewandt wird; aber ich folge dem Beispiel des großen spanischen Philosophen Unamuno, der in einer Rede 1936 in Salamanca darüber sprach, daß das Motto der Falangisten »Es lebe der Tod« ein nekrophiles Motto ist. Das heißt, was ich unter Nekrophilie im nichtsexuellen und nichtphysischen Sinn verstehe, ist das Angezogensein von allem, was tot, was unlebendig ist, was hinausläuft auf ein Zergliedern, auf ein Zerstören lebendiger Zusammenhänge, die Attraktion des rein Mechanischen im Gegensatz zu der Liebe zum Lebendigen. Nekrophilie heißt ja die Liebe zu dem, was tot ist. Nekros ist der Leichnam; Nekrophilie ist nicht die Liebe zum *Tod*, sondern die Liebe zum *Toten*, zu allem, was nicht lebendig ist. Im Gegensatz dazu steht die Liebe zum Lebendigen, zu all dem, was wächst, was strukturiert ist, was eine Einheit bildet, was nicht zerstückelt ist.

Um auf Hitler zurückzukommen: Wenn man ganz ehrlich ist, muß man wohl sagen: Die einfache Tatsache, daß Hitler den Krieg angefangen hat, der zur Zerstörung von Millionen von Menschen geführt hat, kann man ihm ja nicht als etwas Besonderes vorhalten. Das haben Feldherren und Staatsmänner seit den letzten 6000 Jahren immer wieder gemacht – meistens verbunden mit der Rationalisierung, das sei fürs Vaterland notwendig und so weiter. Daß er hilflose Menschen umgebracht hat, das ist schon etwas, was viele Generäle und Staatsmänner, die die Kriege gewollt haben, nicht getan haben. Der wesentliche Punkt meiner Analyse Hitlers jedoch liegt darin zu zeigen, daß Hitler ein Mensch war, der im tiefsten Grunde das Lebendige gehaßt hat. Wenn man sagt, Hitler hat die Juden gehaßt, so ist das natürlich richtig, aber es ist auch wieder nicht richtig, da dieser Satz viel zu eng ist. Er hat die Juden gehaßt, ja, aber er hat auch die Deutschen gehaßt. Denn als er seinen Sieg verspielt hatte und sein Ehrgeiz gescheitert war, wollte er, daß ganz Deutschland zugrunde ging. Das hat er schon 1942 einmal ausgesprochen: Wenn der Krieg verloren wird, dann verdient das deutsche Volk nicht, weiter zu leben. Hitler ist ein extremes Beispiel eines nekrophilen Menschen, dessen Charakter seinen Anhängern durch seine das »Heil« betonenden Versicherungen verborgen blieb.

Hitler hatte einen Zug im Gesicht, den manche dieser nekrophilen Menschen haben, nämlich eine Art Schnüffelzug, als ob

sie etwas Schlechtes röchen – nur daß gar kein schlechter Geruch da ist. Und daran sehen Sie, daß für diese Menschen alles Lebendige eher Dreck ist als etwas Totes, und daß sie eine ganz archaische Form der Beziehung entwickeln – das Riechen, das Schnüffeln. Von Hentig hat eine ganze Reihe von Fällen aus der kriminologischen Literatur erwähnt, in denen man dasselbe bemerkt, zum Beispiel bei manchen Menschen die Lust, schlechte Gerüche zu riechen. Das ist bei solchen Typen ganz charakteristisch. Sie empfinden modrige Gerüche oder Exkremente und Verwesendes als »reizvoll«. Diese Perversion ist auch im Gesichtsausdruck erkennbar. Sie finden bei dem nekrophilen Menschen, daß sein Gesichtsausdruck unbewegt bleibt. Er reagiert nicht, er ist erfroren. Beim biophilen Menschen sehen Sie, daß sein Gesicht sich bewegt, daß es aufleuchtet, wenn er etwas Lebendiges wahrnimmt.
Man kann es auch noch anders beschreiben: Der nekrophile Mensch ist unendlich langweilig; der biophile Mensch ist nie langweilig. Es kommt gar nicht darauf an, worüber er redet, es kann etwas ganz Unwichtiges sein, aber es ist immer in dem, was er sagt, etwas Lebendiges. Der nekrophile Mensch kann etwas Gescheites sagen; aber es bleibt tot. Und wenn man sich darin beobachtet, so merkt man: es kann ein Intellektueller etwas ungeheuer Gescheites sagen – und doch ist man gelangweilt. Und ein viel weniger brillanter Mensch kann etwas ganz Einfaches sagen (das führt wieder zu unserer Frage der Unterhaltung zurück) – und man ist gar nicht gelangweilt, sondern angeregt, weil Leben spricht. Was anzieht, ist immer das Lebendige. Ein Mensch wird anziehend durch seine Lebendigkeit. Die Menschen glauben heute – so reden wir Männer und unsere Make up-Industrie redet es beispielsweise den Frauen

ein –, man werde geliebt und anziehend, wenn man sein Gesicht so oder so nach bestimmten Regeln bemalt oder in bestimmte Falten legt oder einen bestimmten Ausdruck imitiert, der modern ist und anziehend sein soll, na ja, viele fallen darauf herein, gewöhnlich Menschen, die nicht viel Selbst haben. In Wirklichkeit gibt es nur eines, was anzieht, und das ist die Lebendigkeit. Man kann beobachten, daß zwei Menschen, wenn sie dabei sind, sich zu verlieben, sich gegenseitig anziehen, weil sie in dem Wunsch, sich zu gefallen und sich anzuziehen, tatsächlich lebendiger sind als gewöhnlich. Und das Unglück daran ist, daß, wenn sie ihr Ziel erreicht haben, wenn sie sich »haben«, ihr Wunsch, lebendig zu sein, schon sehr abgenommen hat, und dann sind sie plötzlich ganz anders, und nach einiger Zeit lieben sie sich nicht mehr. Sie wissen auch gar nicht mehr, warum sie eigentlich verliebt waren. Denn der Partner ist nun anders. Er ist nicht mehr schön, weil er nicht mehr die Schönheit hat, die die Lebendigkeit in sein Gesicht gebracht hat.

Beim nekrophilen Menschen ist das Gesicht nie schön, weil es nie lebendig ist. Bei Hitler entnehmen Sie das ja den Bildern. Er konnte nicht frei und lebendig lachen. Speer hat mir einiges davon erzählt, wie fast unerträglich langweilig es bei den Abendessen oder Mittagessen war. Er hat geredet und geredet und überhaupt nicht gemerkt, daß alle gelangweilt waren. Und er selbst war so gelangweilt, daß er manchmal eingeschlafen ist bei seinen eigenen Worten. Das ist typisch nekrophil, unlebendig.

Die Begriffe Nekrophilie und Biophilie haben sich bei mir gebildet durch meine klinischen Erfahrungen aber auch durch Freuds Begriff des Lebens- und Todestriebes. Ich habe den

»Todestrieb« ursprünglich abgelehnt, für lange Zeit abgelehnt wie die meisten Analytiker, weil er mir eine reine Spekulation ohne empirische Grundlage vorkam. Dann aber habe ich von meinen klinischen Erfahrungen her eingesehen, daß zwar das theoretische Konzept, das Freud hatte, anfechtbar erschien, daß er aber, wie so häufig, etwas ungeheuer Wichtiges getroffen hatte: nämlich, daß die zwei Urkräfte im Menschen die *Hinneigung zum Lebendigen* und die *Hinneigung zum Toten und Zerstörerischen sind.* Freud hat das sehr schön ausgedrückt. Er hat gesagt, der Eros, der Lebenstrieb oder der Liebestrieb, hat die Tendenz zur Integration des Ganzen, zur Vereinigung, während der Todestrieb die Desintegration, die Zerstückelung, wie ich es nennen würde, zum Ziel hat.
Der Hauptunterschied der Freudschen Begriffsbildung und der der Nekrophilie und der Biophilie liegt in zwei Punkten. Erstens einmal sind bei Freud beide Kräfte parallel geschaltet. Die Zerstörungslust und die Lebensfreude sind gleichermaßen stark im Menschen angelegt. Das glaube ich nicht. Ich glaube es zum Teil aus biologischen Gründen nicht. Denn vom Standpunkt des Überlebens hat es keinen Sinn, daß die Selbstzerstörung einen ebenso wichtigen Teil bilden sollte wie der Drang zur Erhaltung und Förderung des Lebens, wenn man einmal davon ausgeht, daß die Lebenserhaltung tatsächlich das biologisch oberste Prinzip ist. Und außerdem glaube ich es aus einem anderen Grund nicht: Man kann nämlich zeigen, daß die zerstörerischen Tendenzen, also die Todestriebtendenzen, Resultate eines Versagens der Kunst des Lebens sind, des Nicht-richtigen-Lebens.
Es läßt sich zeigen, daß der Mensch, der keine Möglichkeit hat, frei zu sein und sich zu entfalten, der eingeengt ist, der in einer

Klasse oder Gesellschaft lebt, in der alles mechanisch, alles unlebendig ist ... daß dieser Mensch die Fähigkeit des Sprudelns verliert. Das Kleinbürgertum, das tatsächlich den Kern der Hitlerschen Anhänger gebildet hat – das waren eben Menschen, deren ökonomische und soziale Situation verengt war, die keine Hoffnung hatten, denn ihre Klasse war durch das Wachstum des modernen Kapitalismus ökonomisch gesehen zum Untergang bestimmt. Und wenn die Nazis ursprünglich einmal das Idyll geschildert haben, daß die Warenhäuser all den kleinen Kaufleuten gehören sollen und daß jeder eine kleine Nische dort hat, dann war das eine demagogisch außerordentlich anziehende, aber natürlich vollkommen unwirkliche Idee; denn der Nationalsozialismus hat die kapitalistische Entwicklung Deutschlands nicht gehemmt, sondern ungestört weitergehen lassen.
Man kann diesen Zusammenhang von vereitelter Lebendigkeit und Nekrophilie auch bei einzelnen sehen. Es gibt nicht selten Menschen, deren Familien so »tot« sind, daß sie während ihrer ganzen Kindheit nie einen Hauch des Lebendigen spüren; alles ist bürokratisiert, alles ist routinisiert, alles ist »Haben«, alles ist Regel, und jede spontane Lebensregung wird von den Eltern eigentlich als etwas Schlechtes angesehen. Das Kind, das von Natur aus zweifellos die Tendenz hat, sehr lebendig und aktiv zu sein – neuere neurophysiologische und psychologische Arbeiten haben das gezeigt –, das Kind wird mehr und mehr entmutigt und nimmt dann einen anderen Weg, einen Weg, auf dem das Unlebendige eine große Rolle spielt. Letztlich kann man sagen: Wer keine Freude an seinem Leben hat, will sich rächen und lieber das Leben zerstören, als zu fühlen, daß er gar keinen Sinn aus seinem Leben machen

konnte. Er ist zwar physiologisch lebendig, aber seelisch tot. Deshalb kommt die aktive Zerstörungslust auf und die Leidenschaft, lieber alle, sich selbst auch, zu vernichten, als sich einzugestehen, daß man geboren wurde und es verfehlt hat, je ein lebendiger Mensch zu sein. Das ist ein sehr bitteres Gefühl für die, die es erleben, und es ist nicht nur eine Spekulation, anzunehmen, daß dann der Wunsch zu zerstören eine fast zwangsläufige Reaktion ist.

Schultz: Würden Sie sagen, daß die Nekrophilie zunimmt?

Fromm: Ich fürchte, ja. Ich fürchte, sie nimmt zu durch die Überbeschäftigung mit allem Mechanischen. Wir rennen vor dem Leben weg. Es ist sehr schwierig, kurz zu erklären, warum in der kybernetischen Gesellschaft und Kultur das *Ding* immer mehr die *Menschen* ersetzt, das Lebendige verdrängt. Der Mensch wird – wir sind schon früher in unserem Gespräch darauf gekommen – immer *unsicherer hinsichtlich seines Seins.* Wenn ich hier von Sein spreche, so verwende ich einen Begriff, der in der Geschichte der Philosophie eine große Rolle gespielt hat: Was ist Sein? Nun, mich interessiert hier nicht die philosophische Bedeutung, sondern der Aspekt des Erlebens. Ich möchte mal ein einfaches Beispiel geben. Eine Frau, die zum Analytiker kommt, wird sehr oft etwa so anfangen: Ja, Doktor, ich »habe« ein Problem. Ich »habe« zwar eine glückliche Ehe, ich »habe« auch zwei Kinder, aber ich »habe« doch viele Schwierigkeiten. Alle ihre Sätze sind konstruiert mit Bezug auf »haben«. Die ganze Welt erscheint als Objekt des Habens. Früher würde man gesagt haben (und ich weiß das selbst noch gut aus meiner eigenen Spracherfahrung im Englischen wie im Deutschen): ich *fühle mich* unglücklich, ich *bin* zufrieden, ich *bin* besorgt, ich *liebe* meinen Mann oder vielleicht *liebe* ich ihn auch *nicht* oder ich *zweifle* daran. Da spricht der Mensch über das, was er ist, das heißt über seine eigene Aktivität, über das, was ihn an Gefühlen bewegt, aber nicht über einen Gegenstand oder einen Besitz. Mehr und mehr drücken die Menschen jedoch alles Sein mit Substantiven aus, die dann mit dem Wort »haben« verbunden werden: Ich *habe* alles – und ich *bin* – nichts.

Schultz: Wenn man mit einem solchen Nachdruck wie Sie das Wort »Leben« aussprechen und ausmalen kann und wenn die Menschen nach Ihrer Meinung eine humane Zukunft nicht mehr erringen können im Namen des Volkes oder im Namen des Gesetzes oder im Namen der Partei oder im Namen der Sachzwänge oder im Namen Gottes, und was es da so alles an Autoritäten gibt, sondern nur noch *im Namen des Lebens*, dann – und das ist jetzt meine Überlegung – muß doch Ihrem Interesse am Leben eigentlich ein Interesse an den *Bedingungen* folgen, in denen Leben sich voll entfalten kann, also an den Verhältnissen, die nicht so sind. Können Sie sich Bedingungen, können Sie sich Verhältnisse denken, die dem Leben zuliebe entstanden sind? Hat Ihr Gedanke von der Biophilie politische Konsequenzen? Sie sind im Unterschied zu den meisten Ihrer psychoanalytischen Kollegen ein ausgesprochen politischer (und zwar ein unabhängiger) politischer Mensch. Dabei ist die Politik wohl nicht unbedingt identisch mit Parteipolitik. Vielleicht kann man manchmal um so besser Partei *nehmen,* als man nicht Partei *ist.* Das alles hängt doch ohne Zweifel mit Ihrem theoretischen Ansatz zusammen. Mögen Sie dazu noch einiges sagen?

Fromm: Gern. Denn das ist ja ein persönlich und ein allgemein wichtiges Problem. Sie haben ganz recht, ich habe in den Jahren, in denen man sich eher einer politischen Partei anschließt, in der Jugend, nie einer politischen Partei angehört. Ich gehörte für einige Jahre der amerikanischen sozialistischen Partei als Mitglied an, bis die sich meiner Meinung nach so weit nach rechts entwickelt hat, daß es auch mit dem größten Optimismus nicht mehr möglich war, ihr Mitglied zu bleiben. Ich bin ein extrem politisch interessierter Mensch. Aber ich kann auch in der Politik nicht an Illusionen hängen, weil sie meine »Linie« stützen. Die Lüge kann an eine Partei binden – nur die Wahrheit führt letzten Endes zur Befreiung des Menschen. Aber zu viele Menschen haben Angst vor der Freiheit und ziehen die Illusionen vor.

Schultz: Eben weil sie parteiisch sind. Das kann den Blick verengen. Ich meine, in gewisser Beziehung ist doch Parteipolitisierung sogar Entpolitisierung. Ich will damit nicht etwas gegen die Parteien und deren Notwendigkeit sagen; ich finde nur, wenn Politik aufgeht in Parteipolitik, geraten wir in Gefahr, unpolitisch zu werden ...

Fromm: Ja, denn die Parteien, gerade die fortschrittlichsten, die es übrigens heute kaum noch als Parteien gibt, würden viel selbständigere Menschen voraussetzen. Es ist politisch eine außerordentliche Notwendigkeit, daß es politisch engagierte Menschen gibt, die an der Stelle, wo sie stehen, freimütig sagen, was sie denken, was sie wissen. Man kann das Private und das Öffentliche nicht trennen. Man kann das Wissen von sich und das Wissen von der Gesellschaft nicht trennen. Beides gehört zusammen. Hier liegt meiner Meinung nach der Fehler von Freud und von vielen Analytikern, die meinten, man könne das trennen, man könne völlige Einsicht in sich haben, aber blind sein für gesellschaftliche Vorgänge. Das kann man eben nicht, schon deshalb nicht, weil die Wahrheit untrennbar ist. Man kann nicht hier die Realität sehen und dort verschlossen bleiben. Das macht das Messer stumpf, das heißt, die Suche nach der Wahrheit ineffektiv. Man kann auch sich selbst nur richtig sehen, wenn man andere richtig sehen kann, wenn man sie in ihrer gesellschaftlichen Bedingheit sieht, das heißt, wenn man kritisch dem gegenübersteht, was in der Welt sonst vor sich geht. Es ist auch ein Gebot der Liebe. Und wenn man den Menschen liebt, dann kann man nicht die Erkenntnis und die Liebe nur auf das Individuelle erstrecken. Das muß zu Fehlern führen. Da muß man ein politischer Mensch, ein politisch – ich würde sogar sagen – leidenschaftlich interessierter Mensch sein in der Weise, wie das dem eigenen Temperament, dem eigenen Beruf, den eigenen Fähigkeiten am meisten entspricht.

Ich möchte noch etwas sagen, was dazugehört. Ich glaube, für den Intellektuellen gibt es in erster Linie, in zweiter Linie und in dritter Linie nur eine Aufgabe und das ist, die Wahrheit zu suchen, so gut er es kann, und sie zu sagen. Der Intellektuelle ist nicht primär dazu berufen, es ist nicht primär seine Funktion, politische Programme zu entwerfen. Das schränkt nicht das ein, was ich vorher gesagt habe. Aber er hat eine Funktion – und das zeichnet ihn aus oder sollte ihn auszeichnen –, die

die spezielle Funktion des Intellektuellen ist, ich meine die Funktion eines kompromißlosen Verfolgens der Wahrheit ohne Rücksicht auf eigene oder andere Interessen. Und wenn die Intellektuellen im Dienste eines Parteiprogramms und im Dienste politischer Ziele, mögen sie auch noch so gut sein, ihre Funktion einschränken, die volle Wahrheit zu suchen und zu sagen, dann versündigen sie sich an ihrer eigensten Aufgabe und am Ende an der wichtigsten *politischen* Aufgabe, die sie haben; denn ich glaube allerdings, daß der politische Fortschritt davon abhängt, wieviel wir von der Wahrheit wissen, wie klar und kühn wir sie sagen und wieviel davon die Menschen beeindruckt.

Wer ist der Mensch?

Die Frage: »*Wer* ist der Mensch?« führt unmittelbar zum Kern des Problems. Wenn der Mensch ein Ding wäre, könnte man fragen, *was* er sei, und ihn definieren, wie man einen Gegenstand in der Natur oder ein industrielles Erzeugnis definiert. Der Mensch ist aber kein Ding und kann auch nicht wie ein Ding definiert werden. Dennoch wird der Mensch sehr häufig als Ding gesehen. Man sagt von ihm, er sei Arbeiter, Fabrikdirektor, Arzt usw., doch damit wird lediglich seine gesellschaftliche Funktion bezeichnet, das heißt der Mensch wird gemäß seiner gesellschaftlichen Stellung definiert.

Der Mensch ist kein Ding, sondern ein Lebewesen, das in einem fortdauernden Entwicklungsprozeß begriffen ist. An jedem Punkt seines Lebens ist er noch nicht das, was er sein kann und was er möglicherweise werden wird.

Der Mensch kann zwar nicht wie ein Tisch oder wie eine Uhr definiert werden; er ist aber auch nicht ganz undefinierbar. Man kann mehr über ihn aussagen, als daß er kein Ding sei, sondern ein lebendiger Prozeß. Der wichtigste Aspekt für eine Definition des Menschen ist der, daß der Mensch mit seinem Denken über die Befriedigung seiner Bedürfnisse hinausreichen kann. Das Denken ist für ihn nicht – wie für das Tier – nur ein Mittel, um gewünschte Güter zu erlangen, sondern es ist auch ein Mittel, um die Wirklichkeit des eigenen Daseins und der Umwelt zu entdecken, unabhängig von Vorlieben oder Abneigungen. Mit anderen Worten: Der Mensch besitzt nicht nur Intelligenz wie das Tier, sondern er ist mit Vernunft begabt, mit der er Wahrheit erkennen kann. Wenn sich der

Mensch von seiner Vernunft leiten läßt, handelt er sowohl als körperliches wie auch als geistiges Wesen zu seinem eigenen Besten.

Die Erfahrung beweist jedoch, daß viele Menschen, von Habgier und Eitelkeit verblendet, in ihrem Privatleben nicht vernunftgemäß handeln. Was schlimmer ist: Nationen handeln noch weniger an der Vernunft orientiert, weil Demagogen den Bürger nur zu leicht vergessen lassen, daß er die Stadt und die Welt ins Verderben stürzt, wenn er ihrem Rat folgt. Viele Völker sind untergegangen, weil sie unfähig waren, sich von den irrationalen Leidenschaften zu befreien, die ihr Handeln bestimmten, und weil sie es nicht fertigbrachten, sich von der Vernunft leiten zu lassen. Hier lag die wichtige Aufgabe der Propheten des Alten Testaments. Sie sagten nicht die Zukunft voraus, wie man es von Propheten gemeinhin annimmt, sondern sie verkündeten die Wahrheit und wiesen damit indirekt auf die zukünftigen Folgen des gegenwärtigen Handelns des Volkes hin.

Da der Mensch kein Ding ist, das man gewissermaßen von außen beschreiben könnte, kann man ihn nur aus der persönlichen Erfahrung des Menschseins selbst heraus definieren. Die Frage: »Wer ist der Mensch?« führt somit zu der Frage: »Wer bin ich?« Wenn wir nicht in den Irrtum verfallen wollen, den Menschen als Ding zu behandeln, kann die Antwort auf die Frage: »Wer bin ich?« nicht anders lauten als: »ein Mensch«.

Die meisten Menschen haben freilich diese Identität nicht erlebt. Sie machen sich alle möglichen illusorischen Bilder von sich selbst, von ihren Eigenschaften und ihrer Identität. Gelegentlich antworten sie auch: »Ich bin Lehrer«, »ich bin Arbeiter«, »ich bin Arzt«; aber diese Auskunft über die Tätigkeit

eines Menschen sagt uns nichts über *ihn selbst* und birgt keine Antwort auf die Frage: »Wer ist er?«, »Wer bin ich?«
Hier erhebt sich eine weitere Schwierigkeit. Jeder hat gesellschaftlich, moralisch, psychologisch usw. eine bestimmte Richtung. Wann und wie kann ich wissen, ob die Richtung, die der andere eingeschlagen hat, seine endgültige Orientierung ist oder ob er diese Richtung unter dem Einfluß bestimmter einschneidender Erfahrungen ändern kann und wird? Gibt es einen Punkt, an dem der Mensch so festgelegt ist, daß man zu Recht behaupten kann, er ist der, der er ist, und wird niemals anders sein? Statistisch gesehen ist es vielleicht möglich, dies von vielen Menschen zu sagen. Aber kann man es von jedem sagen bis zum Tage seines Todes, und kann man es selbst dann sagen, wenn man bedenkt, daß er hätte anders werden können, wenn er länger gelebt hätte?
Der Mensch läßt sich auch noch auf andere Weise definieren. Er wird nämlich von zwei Arten der Leidenschaften und Triebe bestimmt. Die eine Art hat biologische Ursprünge und ist bei allen Menschen im wesentlichen gleich. Sie umfaßt das Bedürfnis nach Überleben, und darunter fällt das Bedürfnis Hunger und Durst zu stillen, das Bedürfnis nach Schutz, nach irgendeiner Form der Gesellschaftsstruktur und – in weit weniger zwingendem Maß – nach Sexualität. Die Leidenschaften der anderen Art sind nicht biologisch verwurzelt und nicht für alle Menschen dieselben. Sie entstehen aus verschiedenartigen Gesellschaftsstrukturen. Solche Leidenschaften sind Liebe, Freude, Solidarität, Neid, Haß, Eifersucht, Konkurrenzdenken, Gier usw. Beim Haß müssen wir zwischen reaktivem und endogenem Haß unterscheiden. Die Begriffe werden hier wie bei endogener Depression im Gegensatz zu reaktiver De-

pression gebraucht. Reaktiver Haß ist die Reaktion auf einen Angriff oder eine Bedrohung des eigenen Selbst oder das seiner Gruppe und löst sich meist auf, wenn die Gefahr vorüber ist. Endogener Haß ist ein Charakterzug. Ein von solchem Haß erfüllter Mensch sucht je neu nach Möglichkeiten, den Haß auszuleben.

Im Gegensatz zu biologisch begründeten Leidenschaften sind die genannten gesellschaftlich verwurzelten Leidenschaften ein Produkt der jeweiligen Gesellschaftsstruktur. In einer Gesellschaft, in der eine ausbeuterische Minderheit über eine wehrlose, arme Mehrheit herrscht, gibt es auf beiden Seiten Haß. Daß die Ausgebeuteten hassen, bedarf keiner Erläuterung. Die herrschende Minderheit dagegen haßt aus Furcht vor der Rache der Unterdrückten, aber auch, weil sie die Massen hassen *muß*, um ihr eigenes Schuldgefühl zu ersticken und die Richtigkeit ihres ausbeuterischen Verhaltens zu beweisen. Haß kann nicht verschwinden, solange Gerechtigkeit und Gleichheit fehlen. Ebenso gibt es keine Wahrheit, solange man lügen muß, um die Verletzungen der Prinzipien von Gleichheit und Gerechtigkeit zu rechtfertigen.

Manche Menschen behaupten zwar, Prinzipien wie Gleichheit und Gerechtigkeit seien Ideologien, die sich im Lauf der Geschichte entwickelt hätten und nicht zur natürlichen Grundausstattung des Menschen gehörten. Diese Ansicht kann hier nicht im einzelnen widerlegt werden, doch eines sei hervorgehoben: Daß die Menschen im tiefsten Inneren mit einem Gefühl für Gleichheit und Gerechtigkeit begabt sind, geht daraus hervor, daß sie empfindlich sind, wenn eine feindliche Gruppe die Prinzipien von Gleichheit und Gerechtigkeit verletzt. Die Empfindlichkeit des menschlichen Gewissens zeigt sich nirgends deutlicher als in der Reaktion der meisten Menschen auf noch so geringe Verstöße gegen Gerechtigkeit und Gleichheit, immer vorausgesetzt, daß sie nicht selbst solcher Verstöße beschuldigt werden. So findet das Gewissen in den Anklagen einer nationalen Gruppe gegen ihren Feind eine kraftvolle Stimme. Wenn die Menschen kein natürliches Moralempfinden besäßen – warum würden sie dann wohl zu heftigen Leidenschaften aufgestachelt, sobald man ihnen zu Recht oder zu Unrecht von Greueln berichtet, die der Feind angeblich verübt hat?

Eine weitere Definition des Menschen besagt, er sei jenes Lebewesen, bei dem die instinktive Steuerung des Handelns ein Minimum erreicht habe. Sicher finden sich Reste instinktiver Motivationen beim Menschen, beispielsweise Hunger und Sexualität. Aber nur dann, wenn das Überleben des einzelnen und der Gesamtheit gefährdet ist, läßt sich der Mensch in hohem Maß von Instinkten leiten. Die meisten Leidenschaften, die den Menschen motivieren, etwa Ehrgeiz, Neid, Eifersucht, Rachsucht, entspringen und nähren sich aus gewissen gesellschaftlichen Konstellationen. Die Stärke dieser Leidenschaften läßt sich daran abschätzen, daß sie sogar intensiver sein können als der Überlebensinstinkt. Die Menschen sind bereit, ihr Leben für ihren Haß und Ehrgeiz, aber auch für ihre Liebe und Loyalität hinzugeben.

Die schrecklichste aller menschlichen Leidenschaften, der Trieb, einen anderen Menschen aufgrund der eigenen Machtüberlegenheit für selbstsüchtige Zwecke zu benutzen, ist kaum etwas anderes als eine verfeinerte Form des Kannibalismus. Bei den neolithischen Gesellschaften gab es diese Leidenschaft, einen anderen für eigene Zwecke auszubeuten, noch nicht. Für fast alle heute lebenden Menschen ist es ein sehr seltsamer und beinahe unfaßbarer Gedanke, daß es eine historische Zeitspanne gab, in der der Mensch nicht ausbeuten wollte und nicht ausgebeutet wurde. Und doch war es so! In den frühen Kulturen der Ackerbauern und Jäger hatten alle genug zum Leben, und es wäre sinnlos gewesen, Dinge anzuhäufen. Privatbesitz konnte noch nicht als Kapital investiert werden und Macht verleihen. Diese Phase des Denkens spiegelt sich legendenhaft im Alten Testament. In der Wüste wurden die Kinder Israel mit Manna gespeist. Es gab genug davon, und jeder durfte so viel essen, wie er mochte, aber das Manna konnte nicht gehortet werden. Was nicht am gleichen Tag verzehrt wurde, verdarb und verschwand. Eine Spekulation auf künftige Mannalieferungen wäre völlig sinnlos gewesen. Güter wie Getreide oder Geräte verschwinden jedoch nicht wie Manna, sie können gehortet werden und verleihen schließlich denjenigen Macht, die am meisten davon besitzen. Erst als der Überschuß ein gewisses Maß überstieg, wurde es sinnvoll, Macht über andere Menschen auszuüben, um sie zu zwingen, der machthabenden Klasse Arbeit zu leisten und sich mit einem Existenzminimum als ihrem Anteil zu begnügen. Nach dem Sieg des patriarchalischen Staats waren Sklaven, Arbeiter und Frauen die hauptsächlichen Ausbeutungsobjekte.

Erst wenn der Mensch für seinen stärkeren Mitmenschen kein Konsumartikel mehr ist, kann die kannibalische Vorgeschichte enden und die wahrhaft menschliche Geschichte beginnen. Dieser Wandel erfordert, daß wir uns voll bewußt werden, wie verbrecherisch unsere kannibalischen Sitten und Gebräuche sind. Das volle Bewußtsein bleibt aber wirkungslos, wenn es nicht mit umfassender Reue einhergeht.

Reue ist mehr als Bedauern. Reue ist ein starker Affekt: Der reuige Mensch empfindet Ekel vor sich selbst und vor seinen Taten. Echte Reue und die damit verbundene Scham ist die einzige menschliche Erfahrung, die zu verhindern vermag, daß dasselbe Verbrechen immer wieder begangen wird. Wenn sie fehlt, entsteht der Eindruck, das Verbrechen sei nie verübt worden. Aber wo finden wir echte Reue? Bereuten die Israeliten den Völkermord an den kanaanitischen Stämmen? Bereuten die Amerikaner die fast vollständige Ausrottung der Indianer? Seit Jahrtausenden lebt der Mensch in einem System, in dem der Sieger nicht zu bereuen braucht, weil Macht mit Recht gleichbedeutend ist.
Die Verbrechen, die wir selbst, unsere Zeitgenossen und unsere Vorfahren begangen haben, sei es tatsächlich oder durch unser Stillschweigen, sollten jedermann deutlich ins Bewußtsein rücken. Sie müssen in offener und – ich möchte fast sagen: ritueller – Sprache eingestanden werden. Die römisch-katholische Kirche bietet die Möglichkeit für das Sündenbekenntnis des einzelnen und gibt damit der Stimme des Gewissens Raum. Aber die Einzelbeichte genügt nicht, weil sie jene Verbrechen nicht berührt, die von einer Gruppe, Klasse oder Nation begangen werden und insbesondere vom souveränen Staat, der den Forderungen des Gewissens nicht unterliegt. Solange wir uns nicht zu »nationalen Schuldbekenntnissen« entschließen, werden die Menschen weiterhin im Althergebrachten beharren und ein scharfes Empfinden für die Verbrechen der Feinde haben, aber blind sein für die Verbrechen des eigenen Volks. Wie kann der einzelne ernstlich anfangen, die Gebote des Gewissens zu befolgen, wenn die Nationen, die sich doch zu Vertretern der Moral aufwerfen, ohne Achtung vor dem Gewis-

sen handeln? Dies kann nur dazu führen, daß die Stimme des Gewissens in jedem einzelnen Staatsbürger zum Schweigen gebracht wird, denn das Gewissen ist so unteilbar wie die Wahrheit.

Wenn die menschliche Vernunft wirksam sein soll, darf sie nicht von irrationalen Leidenschaften beherrscht sein. Intelligenz bleibt Intelligenz, auch wenn sie für böse Zwecke eingesetzt wird. Vernunft dagegen, das Wissen um die Wirklichkeit, wie sie ist, und nicht, wie wir sie sehen möchten, damit sie für unsere Zwecke nützlicher ist – diese Vernunft wirkt nur in dem Maß, in dem irrationale Leidenschaften überwunden werden, das heißt in dem Maß, in dem der Mensch wahrhaft menschlich geworden ist und seine Handlungen nicht mehr von irrationalen Leidenschaften als Haupttriebkräften bestimmt werden.

Hier stoßen wir auf die wichtige Frage nach den Leidenschaften, die für das Überleben der Menschheit notwendig sind. Aggression und Destruktivität können zwar dazu dienen, daß eine Gruppe eine andere vernichtet und selbst überlebt, aber es ist etwas anderes, wenn wir die ganze Menschheit ins Auge fassen. Würde sich Aggression allgemein verbreiten, so würde sie nicht nur zum Untergang der einen oder anderen Gruppe, sondern schließlich zum Erlöschen des Menschengeschlechtes führen. Früher war dieser Gedanke Gegenstand realitätsfremder, bloßer Spekulation. Heute ist das Überleben der Menschheit als solcher in Frage gestellt, da der Mensch die Mittel zur Selbstvernichtung besitzt und tatsächlich mit dem Gedanken an diese Tat spielt, weil die Liebe zum Leben auf einen Tiefstand abgesunken ist. Heute kann man sagen, daß das Prinzip vom Überleben des Stärkeren – das ungezügelte Geltungs-

bedürfnis souveräner Staaten – zur Ausrottung aller führen kann.
Im 19. Jahrhundert sagte Emerson: »Die Dinge sitzen im Sattel und reiten den Menschen.« Heute kann man sagen: »Die Dinge sind die Idole des Menschen, und ihre Anbetung kann den Menschen vernichten.«
Immer wieder wurde behauptet, der Mensch sei grenzenlos formbar, und auf den ersten Blick scheint dies zuzutreffen. Eine Übersicht über das menschliche Verhalten durch die Zeiten zeigt uns, daß es vom Erhabensten bis zum Gemeinsten praktisch nichts gibt, das der Mensch nicht tun könnte und nicht getan hätte. Aber die Aussage über die Formbarkeit des Menschen bedarf einer Einschränkung. Jede Verhaltensweise, die nicht der Entwicklung und Vervollkommnung des Menschen dient, fordert ihren Preis. Der Ausbeuter fürchtet sich vor dem Ausgebeuteten; der Mörder fürchtet die Isolierung als Folge seiner Tat, selbst wenn es nicht die Isolierung im Gefängnis ist; der Zerstörer fürchtet sein Gewissen; der freudlose Konsument befürchtet, nur zu leben, ohne lebendig zu sein.
In dem Satz, der Mensch sei grenzenlos formbar, liegt beschlossen, daß er physiologisch lebendig, aber menschlich verkrüppelt sein kann, und ein solcher Mensch ist unglücklich, er entbehrt die Freude, er ist von Groll erfüllt und wird dadurch destruktiv. Erst wenn er aus dieser Verstrickung befreit wird, erschließt sich ihm wieder die Möglichkeit der Freude. Abgesehen von genetisch bedingten, pathologischen Zuständen, wird der Mensch seelisch gesund geboren. Er wird erst von denen verbogen, die nach vollständiger Herrschaft streben, die das Leben hassen und das Lachen der Freude nicht ausstehen können. Ist das Kind dann zum Krüppel geworden,

so haben sie einen guten Vorwand für ihre feindselige Einstellung, die nicht als Ursache, sondern als Folge des Fehlverhaltens des Kindes erklärt wird.
Warum sollte jemand einen anderen zum Krüppel machen wollen? Die Antwort auf diese Frage ist in dem zu suchen, was über den heute noch vorhandenen Kannibalismus gesagt wurde. Ein psychisch verkrüppelter Mensch läßt sich leichter ausnutzen als ein starker Mensch. Der Starke kann zurückschlagen, der Geschwächte nicht; er ist der Böswilligkeit des Mächtigen hilflos ausgeliefert. Je mehr eine herrschende Gruppe die Beherrschten zu psychischen Krüppeln macht, um so einfacher ist es, sie auszubeuten, das heißt, sie wie Nahrung für die eigenen Zwecke auszunützen.
Da der Mensch mit Vernunft begabt ist, kann er seine Erfahrung kritisch analysieren und erkennen, was seiner Entwicklung dient und was sie behindert. Er erstrebt eine möglichst harmonische Entfaltung all seiner geistigen und körperlichen Kräfte mit dem Ziel, einen Zustand des Wohl-Seins zu erreichen. Das Gegenteil von Wohl-Sein ist Niedergeschlagenheit oder Depression, wie Spinoza dargelegt hat. Danach ist Freude ein Produkt der Vernunft und Niedergeschlagenheit oder Depression eine Folge falscher Lebensweise. Wenn das Alte Testament den Israeliten als schwere Sünde vorwirft, sie seien mitten im Überfluß ohne Freude gewesen, bestätigt es dieses Prinzip in denkbar klarer Weise.
Die Grundwerte der Industriegesellschaft stehen im Konflikt mit dem Wohl-Sein des Menschen. Welches sind die Grundwerte der Industriegesellschaften?
Ein erster Grundwert ist die Beherrschung der Natur. Beherrscht aber die vorindustrielle Gesellschaft nicht ebenfalls

die Natur? Selbstverständlich, sonst wäre der Mensch schon längst verhungert. Die Art und Weise der Beherrschung der Natur ist aber in der Industriegesellschaft anders als in den landwirtschaftlichen Gesellschaften. Dies gilt insbesondere, seit die Industriegesellschaft die Natur durch die Technik beherrscht. Die Technik gründet sich auf den Gebrauch des Denkvermögens zur Produktion von Dingen. Sie ist der männliche Ersatz für den weiblichen Schoß. Deshalb wird am Anfang des Alten Testaments geschildert, wie Gott die Welt durch sein Wort erschuf, während in dem älteren babylonischen Schöpfungsmythos noch die Große Mutter die Welt gebiert.

Der zweite Grundwert im Wertsystem der Industriegesellschaft ist die Ausbeutbarkeit des Menschen mit Gewalt, Belohnungen oder – zumeist – einer Kombination von beiden.

Der dritte Grundwert besagt, daß das ökonomische Handeln gewinnbringend sein muß. In der Industriegesellschaft ist das Gewinnstreben nicht in erster Linie ein Ausdruck persönlicher Habgier, sondern ein Maßstab für die Richtigkeit des ökonomischen Verhaltens. Man produziert nicht für den Gebrauch, wenngleich die meisten Waren einen gewissen Gebrauchswert haben müssen, um verkäuflich zu sein, sondern man produziert, um Gewinn zu machen. Das heißt, das Ergebnis meiner ökonomischen Tätigkeit muß letzten Endes sein, daß ich mehr verdiene, als ich für die Herstellung oder den Erwerb des Verkaufsguts ausgegeben habe. Es ist ein weit verbreitetes Mißverständnis, das Profitstreben als persönlichen psychologischen Zug habgieriger Menschen darzustellen. Selbstverständlich kann es dies sein, doch ist es nicht typisch für die Auffassung vom Gewinn in der modernen Industriegesellschaft. Der Gewinn ist lediglich ein Hinweis auf erfolgreiches ökonomisches Verhalten und damit ein Maßstab für geschäftliche Tüchtigkeit.

Ein klassisches Merkmal der Industriegesellschaft ist als viertes der Wettbewerb. Die Entwicklung hat jedoch erwiesen, daß infolge zunehmender Zentralisierung und Größe einzelner Unternehmen – und zudem infolge von zwar ungesetzlichen, aber dennoch bestehenden Preisabsprachen – der Wettbewerb der Zusammenarbeit zwischen den Großfirmen weicht und eher zwischen zwei kleinen Einzelhandelsgeschäften als zwischen zwei Industriekonzernen auftritt. Unserem gesamten ökonomischen Handeln fehlt heute eine affektive Beziehung zwischen Verkäufer und Käufer. Früher gab es noch eine besondere Beziehung zwischen dem Händler und seinem Kunden. Der Händler interessierte sich für den Kunden, und der Verkauf war mehr als nur eine finanzielle Transaktion. Der Geschäftsmann empfand eine gewisse Befriedigung, wenn er der Kundschaft eine Ware verkaufte, die für sie nützlich und ansprechend war. Sicher gibt es das auch heute noch, aber es ist die Ausnahme und beschränkt sich im wesentlichen auf altmodische kleine Läden. Im teuren Kaufhaus von heute lächelt das Verkaufspersonal und schaut gleichgültig drein, wenn es ein billiges Warenhaus ist. Es braucht nicht betont zu werden, daß das Lächeln unecht ist und mit den höheren Preisen bezahlt wird, die das Kaufhaus verlangt.

Als fünfter Punkt ist anzuführen, daß die Fähigkeit zum Mitgefühl in unserem Jahrhundert erheblich zurückgegangen ist. Vielleicht sollte man hinzusetzen, daß auch die Leidensfähigkeit geschwunden ist. Damit meine ich natürlich nicht, daß die Menschen weniger litten als früher; sie sind sich selbst jedoch so sehr entfremdet, daß sie sich ihres Leidens gar nicht voll bewußt werden. Wie ein Mensch mit chronischen Schmerzen nehmen sie das Leiden als gegeben hin und werden es erst gewahr, wenn seine Intensität das Gewohnte übersteigt. Wir sollten aber nicht vergessen, daß das Leiden der einzige Affekt ist, der allen Menschen, ja vielleicht überhaupt allen empfindungsfähigen Wesen, wirklich gemein zu sein scheint. Aus diesem Grund kann der Leidende, der die allgemeine Verbreitung des Leidens erkennt, den Trost menschlicher Solidarität erlangen.

Es gibt sehr viele Menschen, die niemals Glück erlebt haben. Es gibt keinen, der nie gelitten hätte, auch wenn er sich verbissen bemüht, das Bewußtsein des Leidens zu verdrängen. Mitgefühl ist untrennbar mit Liebe zum Menschen verbunden. Wo keine Liebe ist, kann kein Mitgefühl sein. Das Gegenteil von Mitgefühl ist Gleichgültigkeit, und Gleichgültigkeit kann als pathologischer Zustand schizoider Art bezeichnet werden. Was Liebe zu dem Einzelnen genannt wird, erweist sich oft lediglich als eine Bindung in Abhängigkeit; wer nur einen Menschen liebt, liebt keinen.

Bibliographische Nachweise

Überfluß und Überdruß in unserer Gesellschaft
Vom SDR in sechs Folgen gesendet:
1. Der passive Mensch (3. 1. 1971)
2. Die moderne Langeweile (6. 1. 1971)
3. Die produzierten Bedürfnisse (10. 1. 1971)
4. Die Krise der patriarchalischen Ordnung (17. 1. 1971)
5. Das Fiasko der Religion (24. 1. 1971)
6. Wider die Grenzen des menschlichen Wachstums (31. 1. 1971)

Der Traum ist die Sprache des universalen Menschen
Vom SDR gesendet am 17. 11. 1971 im Rahmen der Reihe »Was weiß man von den Träumen?«
Erstmals veröffentlicht in: H. J. Schultz (Hrsg.), *Was weiß man von den Träumen,* Stuttgart/Berlin 1972, S. 8–14 (Kreuz Verlag), sowie: Erich Fromm, *Gesamtausgabe*, hrsg. von Rainer Funk, Stuttgart 1980/81, Bd. IX, S. 311–315 (Deutsche Verlags-Anstalt).

Psychologie für Nichtpsychologen
Vom SDR gesendet am 1. 11. 1973 als Eröffnung der Reihe »Psychologie für Nichtpsychologen«
Erstmals veröffentlicht in: H. J. Schultz (Hrsg.), Psychologie für Nichtpsychologen, *Einführung*, Stuttgart 1974, S. 11–33 (Kreuz Verlag), sowie: Erich Fromm, *Gesamtausgabe*, hrsg. von Rainer Funk, Stuttgart 1980/81, Bd. VIII, S. 71–86 (Deutsche Verlags-Anstalt).

Im Namen des Lebens. Ein Porträt im Gespräch
Vom SDR gesendet am 5. 1. 1974
Erstmals veröffentlicht Stuttgart 1974, Deutsche Verlags-Anstalt.

Wer ist der Mensch?
Vom SDR gesendet am 26. 8. 1979